专创融合教育研究与实践

吴真真　周姗姗　钱新芬　**编著**

西安电子科技大学出版社

内 容 简 介

在"大众创业、万众创新"的背景下,将创新创业教育融入到专业教育中,有利于满足专业人才培养需求,促进高校高质量发展。本书以"专创融合教育"为突破口,探究其发展现状及问题,总结研究教育模式,重点探讨其在教育理念、课程体系、师资队伍、实践活动四个方面的深度融合方式,提出了"院级—校级—市级—省级—国家级"层层递进的实践竞赛体系和"兴趣小组—教师工作室—大学生创新创业项目—创新创业竞赛"四级孵化体系。在开展实地调研和问卷调查的基础上,构建了专创融合教育质量评价体系,通过质量评价体系可分析专创融合教育实施过程中的现实困境,进而提出了专创融合教育的优化路径。

本书主要面向高等院校,既可以作为高校创新创业教育的辅助读物,又可以作为专创融合教育研究的参考书。

图书在版编目 (CIP) 数据

专创融合教育研究与实践 / 吴真真,周珊珊,钱新芬编著 . -- 西安:西安电子科技大学出版社,2023.12
ISBN 978-7-5606-7125-3

Ⅰ. ①专…　Ⅱ. ①吴…②周…③钱…　Ⅲ. ①创造教育—研究　Ⅳ. ①G40-012

中国国家版本馆 CIP 数据核字 (2023) 第 232367 号

策　　　划　吴祯娥
责任编辑　孟秋黎
出版发行　西安电子科技大学出版社 (西安市太白南路 2 号)
电　　话　(029)88202421　88201467　　　邮　　编　710071
网　　址　www.xduph.com　　　　　　　电子邮箱　xdupfxb001@163.com
经　　销　新华书店
印刷单位　陕西天意印务有限责任公司
版　　次　2023 年 12 月第 1 版　　2023 年 12 月第 1 次印刷
开　　本　787 毫米 ×1092 毫米　1/16　印张 7.5
字　　数　170 千字
定　　价　39.00 元
ISBN 978-7-5606-7125-3 / G
XDUP 7427001-1
*** 如有印装问题可调换 ***

前　言

在国家创新驱动发展战略的推动下，我国经济进入高速发展时期，对各行业技术提出了更高的要求。面对新的社会环境，高校既要提高教学质量，实现内涵发展；又要让学生学有所成，促进其多元化发展。在国家政策的推动下，高校创新创业教育成为重要的时代课题，各高校紧抓机遇，如火如荼地开展创新创业教育，在实践中取得了显著成果，但同时也面临诸多发展瓶颈。专业教育和创新创业教育的"各自为阵"或简单"合并"，导致了高校创新创业教育深度推进动力不足、发展定位不清等问题。其根源在于专业教育与创新创业教育之间存在壁垒，"专创融合"理念无法突破和深入开展，而专业教育和创新创业教育融合是一项系统工程，涉及教学、课程、实践、评价等多个方面，仅依靠个别专业课程教师或创新创业导师是无法完成的。

在本书中，作者借鉴相关专创融合教育的研究成果，采用比较分析法、调查问卷法、访谈法等开展了深入研究，提出了一种特色鲜明的专创融合教育模式，构建了一套较为全面的教育质量评价体系，并指出了专创融合教育发展的优化路径，以期为促进专创融合教育发展提供支撑，为切实提高学生创新创业精神和能力，促进高等教育高质量发展提供一定的指导。目前，专创融合教育已受到越来越多学者的关注，促进专业教育与创新创业教育融合是高校实施创新创业教育的内在需要，也是高校为社会培养创新型技能人才的客观要求，因此希望本书的研究内容可以为高校开展专创融合教育提供参考。

本书共六章，分别为：专创融合教育概述，高校专创融合教育研究现状与问题分析，高校专创融合教育模式研究，高校专创融合创新实践研究，高校专创融合教育质量评析与反馈，高校专创融合教育的优化路径。本书由吴真真、周珊珊、钱新芬共同编著。本书在编著的过程中参阅了诸多文献资料，在此一并对其作者表示深深的感谢。同时，该研究得到了 2023 年度江苏高校哲学社会科学研究项目"专创融合视域下高校大学生创新能力培养模式研究与实践"（项目编号：2023SJYB1501) 的资助，在此表示感谢。

由于编者能力有限，书中不妥之处在所难免，恳请读者批评指正。

吴真真

2023 年 7 月

目 录

第一章 专创融合教育概述

高校作为人才培养的主阵地，担负着培养创新型和应用型人才的重任。专业教育与创新创业教育的深度融合是高等教育人才培养模式的改革创新，是构建高等教育创新创业教育体系的内在需求，也是高等教育培养学生创新创业能力的必由之路。专创融合教育为培育具有扎实的专业理论知识体系与实践技能，同时具备创新创业能力的复合型高素质人才奠定了坚实的基础，同时有助于进一步完善和发展高等教育教学理念，为高等教育的发展提供理论依据。

1.1 专业教育

1.1.1 专业教育的概念

对于专业教育的定义，国内外学者持有不同的观点。例如，《国际成人与继续教育词典》中明确界定了专业教育，即专门为一些特定的职业而开设的职业教育。《美国教育百科全书》中对专业教育的定义为："有这样一些职业，既要培养专门的操作方法，又要教授专门的理论知识。我们所研究的专业教育，需要符合以上这些职业的要求，进而开展专业的教育和培训。"国内学者陈向明提出，专业教育是在一定的生产阶段，根据职业分工和学业发展，对学生系统地进行专业培训。一般来说，专业教育是指在专业的学校里，运用专业的办学条件和设施开展的培养各级各类专业人才的教育，要求具有一定的专业评估和专业认证。

综上所述，本书对专业教育定义为：为适应职业发展的需求，保持职业的专业化，从而开展正式的专业教育，包括学历教育、入职岗前培训、在职进修学习等。

目前，我国进行专业教育的场所一般是在高等学校，专业教育需要在基础教育的基础上进行。

1.1.2 专业教育相关研究综述

专业教育起源于11、12世纪的欧洲行会。到17、18世纪时，欧洲工业革命的爆发推动了高等教育的发展。在19世纪末，专业教育成为高等教育的核心组成部分。进入20世纪后，受市场经济引导，社会面临高等教育的全面化改革，高等教育体系职业化特征越来越明显，专业与职业对口已经成为必然趋势。到 20 世纪末，高等教育专业种类就已经有 1300 多种。

美国学者布鲁贝克 (John Seiler Brubacher) 在《高等教育哲学》中指出：专业教育最应该注重的是直接解决社会实际问题的知识，这些知识可以立即转化为行动，这体现了专业知识的外部适切性，与体现内在适切性的个人思想与深邃理解能力的成长和形成不同，专业教育能够更好地回应社会期望，学生能够通过专业知识和专业技能获得较高的社会地位和更理想的生活条件。

英国学者彼得·沃森 (Peter Watson) 在《专业教育》中详细阐述了专业教育的培养目标，书中提出专业教育是以培养具有胜任力的专业人士为目标的教育，专业教育可分为三个方面：

(1) 通过入职前后的培训和继续教育，获得应对现实情况和解决实际问题的知识与技能；

(2) 学生通过接受相关专业知识和社会基本价值观融合的专业伦理观念，深刻理解其核心概念；

(3) 专业教育要实现对学生批判意识和终身学习理念的培养。

在 20 世纪末，我国学者关于"专业教育"研究的文献数量迅速增加，并超过国外学者，其研究内容主要集中在不同阶段不同类型的教育模式、教育理念、人才培养模式和教育方法等方面。专业教育的目标，是丰富学生的理论知识，增强学生的实践能力，培养具有专业技能和职业道德的专业人员，确保其能在专业领域中发挥自身能力。

1.1.3　专业教育人才培养模式研究

1. 专业教育人才培养系统

有国内学者将专业教育人才培养系统分为四个子系统，分别是课程管理系统、社会实践系统、毕业设计 (论文) 系统和就业培训系统，如图 1-1 所示。其中，课程管理系统是基础，为社会实践系统、毕业设计系统和就业培训系统提供载体；社会实践系统与毕业设计系统相互促进，社会实践系统与就业培训系统相互影响；毕业设计系统直接影响就业培训系统，就业培训系统支撑毕业设计系统。四个子系统息息相关，缺一不可，共同组成人才培养系统。

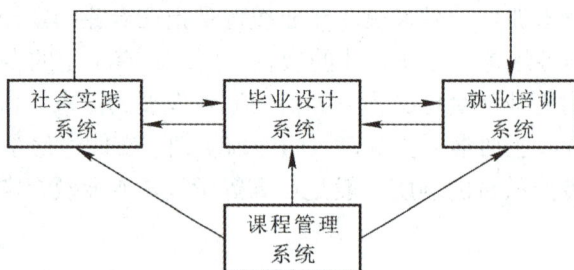

图 1-1　专业教育人才培养系统

1) 课程管理系统

专业教育需要开设各类课程，包括通识教育课程、大类基础课程、专业必修课程和专业选修课程。课程管理系统包含课程科目配置、学习方式与课时分布和学习考核三部分内容，如图 1-2 所示。

(1) 课程科目配置。课程科目配置是根据专业人才培养的目标与基本要求设置相关课程，以应用能力培养为核心，构建理论和实践并重的模块化课程科目体系。

(2) 学习方式与课时分布。学习方式是对学习内容的安排和规划。学习内容的三个具体阶段为：基础课程学习阶段、专业课程学习阶段、初步科学研究训练学习阶段。学习内容不同，课时分布的多少也有所不同。

(3) 学习考核。学生的创新能力主要体现在吸收能力、内化能力、应用能力等方面，考核学生的能力不仅要看学生掌握了多少知识，还要看其在多大程度上将知识内化为自身的素养和能力，并体现在其对周围事物的洞察、理解、应变和对未来知识的驾驭上。

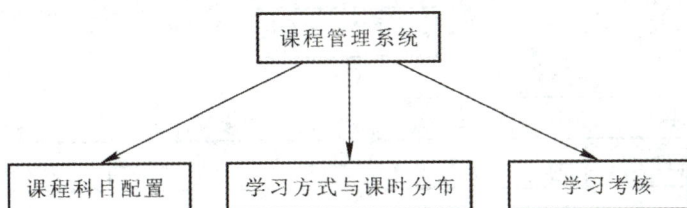

图 1-2　课程管理系统的构成因素

2) 社会实践系统

实践活动可以锻炼学生运用知识解决实际问题的能力。社会实践系统主要包括课程设计、调查活动、毕业实习等要素，如图 1-3 所示。

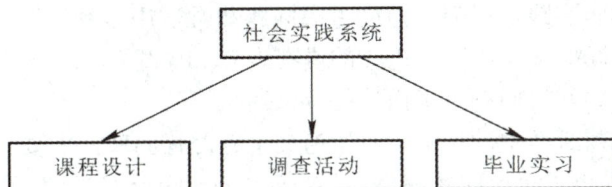

图 1-3　社会实践系统主要要素

(1) 课程设计。课程设计具有很强的综合性和实践性，通过对课程设计的合理组织和实施能够充分发挥学生的主观能动性，全面培养学生的创新能力、综合分析能力，增强学生的实践能力。课程设计主要包括课程设计目标、课程设计内容、课程设计考核与评定等内容。

课程设计目标：课程设计是指课程的组织形式和结构，包括从基础理论的确定到选择具体程序、方法的整个过程。课程设计是实践性教学的重要环节，是促使知识向能力转化并提高学生综合素质的有效途径。

课程设计内容：在课程设计中要充分考虑学生的认知特点，激发学生的自主精神和创新精神。不仅要注重知识的传授和传递，还要注重学生思维品质的形成和实践能力的发展，更要注重培养学生的自我学习能力。

课程设计考核与评定：课程设计考核与评定可以直接巩固和提升前期课程设计的成果，也有利于学生后续课程的学习。在具体评价过程中要注意采用多种评价方法，如学生自评和互评、教师评价、问卷评价和作品展示等。

(2) 调查活动。调查活动包括社会调查、市场调查、生产调查等，其主要形式为社会调查。社会调查活动可以培养和锻炼学生的实践能力，使之发现自身的不足，以便于及时改进和提高；同时，还可以使之更新知识结构，获取新的知识信息，以适应社会的需要。

（3）毕业实习。毕业实习是对学生基础理论和专业理论知识掌握程度的考核和评定，是将理论知识学习与实践操作能力相结合的一种有效手段。通过毕业实习，学生可以进一步掌握在校期间所学的理论知识和实践技能，切实把所学知识、技能运用于社会实践，提高分析问题和解决问题的能力。

3）毕业设计系统

毕业设计（论文）是培养学生实践能力、创新能力，提高学生综合素质与能力的重要环节。其主要内容包括开题、论文写作、论文答辩、成绩评定等，如图1-4所示。

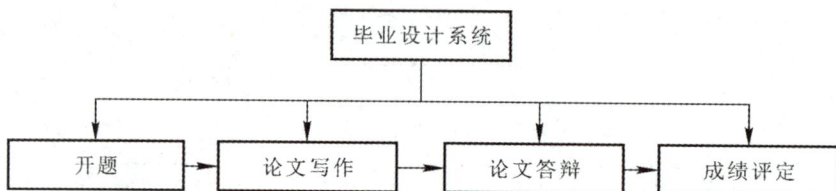

图1-4　毕业设计系统主要内容

（1）开题。毕业设计（论文）的题目要来源于生产、科研、教学、实验等实践，难度要适中，要有利于理论与实践相结合，以切实提高学生解决实际问题的能力。毕业设计开题时要提供开题报告。

（2）论文写作。在论文写作的过程中，应当鼓励师生间的交流和沟通，允许学生有不同的意见，并鼓励大胆实践，提倡多角度考虑问题和尝试用多种不同方法解决问题。

（3）论文答辩。答辩时要体现出论文的内在逻辑和学生的语言表达能力，学生应注重仪表礼仪、声音清晰、回答问题正确而流畅等。

（4）成绩评定。判断学生的毕业设计（论文）是否有创新，主要评价学生在毕业设计（论文）过程中是否提出了自己的新观点，是否应用了一些新方法、新手段来解决实际问题，是否取得了相应的成果等。

4）就业培训系统

面对日趋激烈的就业压力，高校应把大学生职业生涯规划贯穿在学生就业指导全过程，以提升学生就业的科学性和实效性。就业培训系统的主要内容包括相关技能培训、就业咨询与指导、校园招聘会等，如图1-5所示。

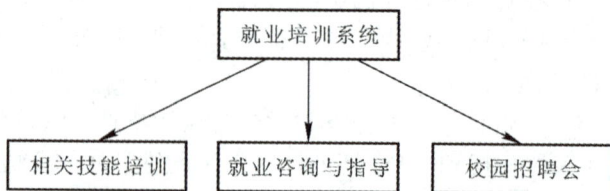

图1-5　就业培训系统主要内容

（1）相关技能培训。相关技能培训主要是针对职场中所需的基本技能，如计算机操作，外语的应用、写作、表达，活动组织能力等技能的培训。培训可以提高大学生技能水平和自身素质，培养学生的创新精神和实践能力。

（2）就业咨询与指导。高校应考虑国家就业政策的变化和学生的思想认知，通过开设多种形式的就业指导课，帮助大学生对这些问题有一个正确的认识和对职业有准确的定位，从而为大学生的发展与成才奠定良好的基础。

（3）校园招聘会。通过校园招聘会，学生可以了解企业的用人要求。同时，高校可邀请校企合作企业人力资源部门负责人、职业指导专家、杰出校友等专业人士为大学生就业提供有针对性的专业指导，加深学生对就业的了解。

2. "双导师制"专业教育人才培养模式

"双导师制"人才培养模式是在校企合作深度融合的基础上，借鉴英国"导师制"和德国"双元制"职业教育经验创立的。导师制 (tutorial system) 最早源于英国牛津大学，是牛津大学基于传统的精英人才培养而设置的一种教学模式。导师制是高校学分制实施的有效保障。"双元制"职业教育是德国首推的一种职业教育模式，由校、企分别实施，并受职业教育法保障；其课程大纲由国家、学校和行业共同制定，教育成本由学校、企业共同分担，学生以学徒的身份与企业签订合同，考核由企业方根据国家行业协会统一考核的标准完成。

"双导师制"模式是以学生为主体，为学生同时配备两位导师，即校内导师和校外导师，共同培养学生专业能力、方法能力和社会能力，实行"学校、企业、学生"三位一体的管理模式，实施"教、学、做"三位一体的教学模式，以"政、校、企"三方共同参与、协调联动的长效驱动机制为保障。

高校通过校企联合、共建、融合等方式将校企合作贯穿于专业教育全过程，企业也在合作过程中长期受益。在双导师制模式下，高校主要从校内外实习实训基地建设、人才交流、教学改革等方面建立校企合作驱动机制，负责专业建设、实验实训、人才培养等工作。

1）校内外实习实训基地建设

依据不同专业的办学特点，校内主要采取校企联合共建、引企入校、政府机构资助援建三种模式建设校内实习实训基地。校外实训基地主要包括教学实习基地、订单式培养基地、顶岗实习基地等。人才交流的主要模式有：教师定期到企业挂职、兼职和顶岗，企业专家到高校兼职教学，校企联合开展技能教育培训，校企联合成立技术创新团队。

2）专业建设

高校邀请企业参与专业建设，根据行业企业的需求，结合当地产业结构进行专业设置，制定人才培养方案，以专业能力为本、以实践活动为核心来开发课程，按照职业能力要求进行考核。高校与企业建立合作关系，可为学生提供更多实践机会，为学校的实践教学创造条件，为企业注入活力。以市场为导向，满足企业要求的专业人才培养，是学校、企业和学生三方的共同诉求。"三位一体"即实现学生、学校和企业的协调统一，既要有力调动每一方的积极性和主动性，同时又要竭力挖掘可利用的资源和条件，找到三方需求的统一点、利益的结合点，实现多方面的共赢。

基于校企合作的"双导师制"是专业教育施行的一个重要方向，是专业教育的重要举措和有效途径，是影响人才培养效果的关键因素。学生在学校内有学业导师，在企业内有专业导师，既满足了学校内导师的主导地位，又发挥了企业内导师的作用。学生在校内学习，可充分利用课堂与实训室现有资源，熟练掌握理论知识和实践技能；在校外实践，可充分利用企业的先进设备和技术，巩固理论知识并进一步提升实践和探索创新能力。因此，"双导师制"专业教育人才培养模式是一种可进一步积极探索、运用的模式，对于高校人才培养具有重要意义。

3. 应用型专业教育人才培养模式

近年来，很多高校积极向培养应用型人才转型，应用型专业教育人才培养模式应运而生。应用型专业教育人才培养模式的主要特点是：针对用人企业的具体要求重新设置专业课程，将专业教育教学中各个环节重新规划、整合，形成产教融合的应用型人才培养模式。

应用型专业教育人才培养模式可分为四个环节，各环节紧密相连、互为基础、相互促进，形成一个完整闭合的动态环型结构。应用型专业教育人才培养模式的四个环节分别是：校企合作启蒙入学专业教育，校企共建专业实践教学体系，产教融合强化岗前培训，开放式招聘实现校企共赢，如图 1-6 所示。

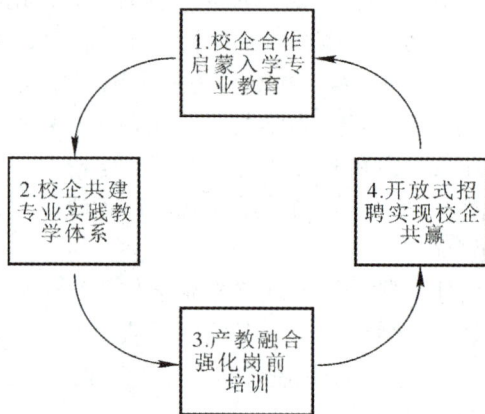

图 1-6　应用型专业教育人才培养模式

1) 校企合作启蒙入学专业教育

入学教育作为大学生进入大学的第一环，其意义尤为重要。尤其是入学专业教育，更应发挥专业启蒙的作用，激发学生学习兴趣，树立学习信心，明确学习目标。目前，各高校开展的入学专业教育通常包括专业发展历史、课程内容、未来前景等概括性介绍，强调课程学习的重要意义。这种传统的专业教育虽然在一定程度上使新生对本专业有了初步了解，但由于内容抽象、形式单调、理论性较强，无法给对专业知识毫无认知的新生留下深刻印象，很难引起学生的共鸣，教育效果不够理想。为了达到专业启蒙的教育作用，应邀请专家走进课堂，从企业、行业的角度去诠释专业的意义；从生产实际出发，阐述在实际生产岗位操作中运用的专业知识和技能、涉及的专业课程。同时，可以利用多媒体将真实的生产线运行过程、工艺流程、大型生产设备和国内外先进的生产技术和产品以视频的形式现场播放。由于各位专家都来自生产企业和行业，他们所讲解的内容都是从生产实践中总结出的经验，介绍的是最前沿、最具科技含量的行业信息，这样的专业教育生动形象、通俗易懂，具有很好的教育效果。

校企合作启蒙入学专业教育能够使学生对课程设置和教学内容有所了解，让学生深刻地感受到整个大学教育是一个目标定位准确、规划清晰完整、课程丰富实用的完整的教育教学体系，进而提高其对学校的信任感和认同感。同时，校企合作启蒙入学专业教育能够使学生对本专业有一个清晰的认知，对专业知识和实践技能要求具有深刻的印象，从而明确未来的就业方向，主动关注专业及行业的发展动态，收集相关信息，有利于其对未来就业方向的把握。

2) 校企共建专业实践教学体系

习近平总书记在党的二十大报告中指出："必须坚持科技是第一生产力、人才是第一资源、创新是第一动力，深入实施科教兴国战略、人才强国战略、创新驱动发展战略，开辟发展新领域新赛道，不断塑造发展新动能新优势。""加快实施创新驱动发展战略。""加快实现高水平科技自立自强。"所有创新都来自于实践，又被应用到实践中去。加强实践课程建设是高校培养学生创新能力的必要条件。

理论和实践课程比例应遵循客观规律，实践在检验理论正确性的同时，能加深对理论的理解和掌握，而且在实践中还可以用已知的知识探索出新的理论。在课程建设过程中，应以实践为中心，以产教结合的教学模式，将在企业实际生产中需要掌握的操作技能有针对性地传授给学生，为企业的发展培养技能人才。

目前，我国高校的专业课程是按培养适应大多数企业基本应用的通用型人才而设置的，对于企业来说缺乏针对性，靶向性不强，专业知识泛而不专，很难适应企业的岗位需要。另外，同一行业不同企业侧重也会不同，相近岗位对人才的要求也会有所区别，通用型人才已难以满足企业的实际需要，而定向式培养更受企业欢迎。这就要求在设置专业课程的时候，以生产实践为基准，以满足实践生产为目标，采用产教结合的教学形式，以企业的需求为导向。实践教学中，学校会邀请相关行业、企业专家参与教学体系建设，修订实践教学大纲，合作开发实践课程，制定专业技能考核办法，对人才的知识结构提出具体规范，以满足企业的需求，实现高校与企业在人才培养方面的无缝对接。

3) 产教融合强化岗前培训

产教融合强化岗前培训主要包含把握企业用人标准和双向选择顶岗培训两方面的内容。

(1) 把握企业用人标准。大学生在就业时面临的普遍问题就是缺乏对自我能力的认知，无法在市场竞争中占据优势。究其原因，一方面是由于学生专业技能水平不高，缺乏自信；另一方面是对于企业用人标准把握不准。高校培养人才的目的是服务于社会，更多的是面向企业，但由于高校人才培养标准与用人企业对人才需求标准不一致，学生的专业能力无法满足企业对岗位能力的要求。

高校要培养出企业需要的人才，必须准确把握企业用人标准，要将企业用人标准和高校人才培养标准两者统一，围绕企业对专业技术的要求，将企业所需纳入高校的培养方案，对教学内容进行合理调整。要明确这个标准，最快捷的方式就是通过直接和用人企业沟通交流，直接明确各项用人指标。目前，企业招收的毕业生，通常不能直接投入使用并创造价值，要先投入时间和资金对其进行培训，这样就加重了企业的负担。如果将企业的岗前培训于学生毕业前在校内完成，可以为企业节省人力、物力、时间，实现入职即上岗。

(2) 双向选择顶岗培训。企业可以在高校设置长期定向培训机构，开设就业技能培训，专项学习企业岗位技能，提升就业竞争力。

首先，学生可以在众多用人企业之间选定感兴趣的培训班参加培训。企业安排各自培训班学员先在校内完成岗前理论培训，再到企业顶岗实习，在实际生产中提高学生的实践能力。学生在企业培训班期间可以根据个人意愿改选其他企业培训班。至此，学生完成对企业的选择。当培训全部结束，企业召开招聘会选拔人才，通过现场考核的方式，再结合平时培训和顶岗实习情况，对学生做出评价，最后选出优秀的人才进入企业工作。这种双向选择建立在高校和企业相互了解的基础之上，确保了结果的准确性。

4) 开放式招聘实现校企共赢

毕业招聘会，是给用人单位和毕业生双方提供双向选择的平台，也是大学期间专业知识技术学习和个人综合素质展示的时刻，那么就需要一种新的招聘形式——开放式毕业招聘会。这种方式既能为毕业生提供个人展示的平台，又能有效融合就业和现场专业教育，实现双赢的结果。

4. "1+X"证书制度专业教育人才培养模式

"1+X"证书制度是在传统学历职业教育的基础上，增加了职业技能等级证书，给学习者提供选择的机会，从而拓宽学习者就业创业的本领。

从内容来看，"1+X"证书制度不仅强调职业技能等级证书标准与学历教育的融合，并且要求职业技能等级证书的开发过程要体现"新技术、新工艺、新规范、新要求"的融入。

从形式上看，学生可以通过学历教育中的课程重构，获取职业技能等级证书，也可以通过参加校内校外培训、在工作场所学习等途径获取职业技能等级证书。因此，"1+X"证书制度专业教育的人才培养，体现在教育教学的各个方面，是支持学生实现"个性"和"自由"的发展，目标是培养复合型专业人才。

从知识逻辑讲，复合型人才的知识结构是跨领域的，既有专业方面的宽基础，又有特定领域的高层次，满足智能化生产过程中的去分工化，是集技术理论和技能操作于一体的人才。

从专业逻辑讲，复合型人才不仅需要注重专业技能，还需要考量与人沟通的能力、问题解决能力、理解和执行能力等，其形成不仅是学生在学历教育阶段的结果，更要求其具有终身学习的素养。

从社会角度讲，学生适应社会，不仅是技术技能与社会需求的对接，人的道德品性、法律观念、人际交往等也都需要与社会对接。因此，"1+X"证书制度下的人才培养模式要从课程结构、学习途径、学习方法、学习评价等方面形成多样态能力结构、促进多重跨越性，构建复合型人才成长的创新框架。

"1+X"证书制度下的高校专业人才培养，一方面要兼顾学历的专业性和实践性，满足学习者的实际需求；另一方面要强调技能的复合性，考虑长期发展和跨界的需求，不仅需要教育内容上的调整和适应，也需要强调教与学过程的支持。"1+X"证书制度下的高校专业人才培养的开展，主要体现在课程结构、教学组织、教学模式、活动设计、评价体系等方面。

1) 课程结构

从课程结构来分析，支持复合型人才成长需要深化基础课程的内涵、强调专业核心课程技能结构、拓展和优化课程选修体系。首先，强化以"体验"为核心的基础课程，实现实践取向的基础课程改革；其次，调整专业课程设置，按照岗位任务转化学习任务的模式，整合理论与实践的需求；最后，要提供广视角和深层次相结合的选修课程体系。

2）教学组织

在教学组织上，要形成分层和分群结合的组织策略。复合型人才的能力养成需要构建能够激发创造力的学习环境，专业技能的养成需要通过更多的体验性活动，在复杂的真实任务环境中去获取能力。因此，将水平大致相当、志趣相投的学生聚合在一起开展教学活动，能有效激发学生的潜能，是落实复合型人才培养逻辑的重要举措。

3）教学模式

在教学模式中，要强调基础能力和专业能力结合。脱离通识教育容易导致学生游离在教学之外。与基础能力相关的通识能力培养需要与专业课程相结合。比如，思想品德、协同能力、创新创业能力的培养，需要融入专业课程的学习过程中，通过形式创新、途径创新提升育人效益。

4）活动设计

在学习活动设计中，要强调理论和实践技能相结合，按照真实任务的模式开展学习，通过学习活动的重新设计，使整个教学过程既有理论支撑，又有实践过程，使理论和实践较好地通过学习活动整合在一起，以支持复合型人才的培养。

5）评价体系

按照"1+X"证书制度设计的逻辑，评价体系不能局限于"知识本位"的考核，而要转向"能力本位"考核。改变单一的"纸笔评价"范式，转向以评价技能为手段、多种数据整合为基础的评价，同时注重学生学习过程性评价，将评价过程和结果及时反馈，以促进教与学的成效。

1.2　创新创业教育

2015 年，国务院连续出台《关于大力推进大众创业万众创新若干政策措施的意见》和《关于发展众创空间推进大众创新创业的指导意见》两个文件，把"大众创业、万众创新"（以下简称"双创"）提升到新常态下的国家发展新战略地位。践行这一基本国策，需要全社会的整体行动，尤其需要高校的大力推进，在"双创"的大潮中，高校发挥先锋引领作用，扮演着必不可少的生力军和主阵地角色。高校既有产业属性又有教育属性，可以促进技术改良和更新，为实现中国经济提质增效升级、促进大众创新创业提供有力的人才保障。因此，高校要进行教育模式转型，尤其在思维模式、课程体系与教学方式、评价机制等方面做出转变，推动创新创业教育，促进创新型人才培养。

1.2.1　创新创业教育的概念

约瑟夫·熊彼特 (Joseph Alois Schumpeter) 在其著作《经济发展理论》一书中，将创新解释为"对原始生产要素进行重新结合，改变产业功能以满足市场需求从而创造利润"。众多专家学者在此基础上开发出创新的概念，创新这一概念得到了广泛定义。通常认为，创新是创造新价值的过程，科技、文化、艺术、商业等众多领域的创新都属于创新范畴。

约瑟夫·熊彼特认为创业的过程就是创新的过程，创新者就是企业家或创业者。通过创新，企业家或创业者可以克服自由市场经济的内在矛盾，促进经济增长。熊彼特将创新要素整合到企业家或创业者理论中，并提出了从创新角度理解企业家精神的观点。创业可以通过创业资源和团队获取商业机会，是一种思维行动方式。考夫曼基金会(Kauffman foundation) 将企业家或创业者精神定义为将创新转变为可持续发展和创造价值的过程。因此，创业是一种对已有资源进行整合并创造出社会经济价值的过程。

"创新"和"创业"两个概念有着紧密的联系，两者都是要获取一定的商业利益，都要经过市场的检验实现商业化和社会经济价值，都要具备新思维和新方式来改变传统模式，创业要基于创新。

创新创业教育是培养新的创业能力，同时也为整个社会或打算创业的团体进行分阶段和分级的创新思维训练和创业能力培养。从本质上来讲，创新创业教育算是一种实践教育。随着创业教育研究的不断深入以及时代的不断发展演化，创新创业教育的概念逐渐形成，但其内涵和本质仍然没有被完全理解。

1.2.2　创新创业教育相关研究综述

联合国教科文组织在 1989 年 11 月提出：进入 21 世纪，除了传统意义上的学术和职业教育，年轻人还应拥有第三本"教育护照"，即"创业教育"护照。这是首次提出"创业教育"的概念，创新创业教育也因此被提升至与学术研究和职业发展同样重要的地位。

近年来，国内外的学者们从多维度、多方面、多立足点出发，全面深入地探索创新创业教育领域，获得了很多可观的成果。我国对"创新创业教育"的研究可追溯到 20 世纪末，自 2014 年之后呈现快速增长的趋势，到 2019 年末达到峰顶，整体呈现成倍增长的态势。对于创新创业教育的研究，国内学者从内涵、模式构建以及课程体系构建等方面进行了分析。

1. 创新创业教育的内涵

许多学者提出，创新创业教育是把创新教育与创业教育的内涵有机结合在一起，形成一种新的教育理念。另一些学者认为创新创业教育是创业教育的一种形式，而创业教育是以创新教育为先决条件的。

编者认为创新教育和创业教育有很大的交集，两者本质上是相通的，创新是创业的先导和基础，创业是创新的载体和表现形式，创业的成败取决于创新的程度。因此，创新创业教育在很大程度上是重合的，两者的目标取向是一样的，都是要培养具有创新精神和实践能力的人。两者的作用是同效的，创新教育使创业教育融入了素质教育的要求，创业教育则使创新教育变得更为具体实在。

然而，创新教育和创业教育也有差别，创新教育注重的是对人的发展的总体把握，更侧重于创新思维的开发。创业教育更注重的则是如何实现人的自我价值，侧重于实践能力的培养。但两者的共性要远远大于其个性。

2. 创新创业教育课程体系构建

国内一些学者对美国创新创业教育进行了研究，提出了强化意识模式、注重经验模式、系统思考模式三种经典的创新创业教育模式。另一些学者提出了模拟教学与体验式课程，两者在实践操作中的本质是相同的，而在立足角度上存在差异。模拟教学注重教学者对学习环境的构建，体验式课程则是将学生作为主体进行设计。从设计的根本目的上来看，两种教学方法都强调在接近实践环节中强化学生的主体意识、内在悟性的重要性，使学生更好地积累经验，更熟练地掌握专业的理论知识与实践技能。还有学者提出了"平台＋模块"结构的课程体系，该体系下各类型课程需要合理设置，需加强对实践平台的运用，使课程与专业教学模块紧密结合，保证课程体系的实效性，以实现在实践中提高创新创业教育人才培养质量的目的。另有学者将关注点放在专业内综合能力、跨专业综合能力、创新创业能力三个维度，参照课程、课程群、专业、工程四个层次，根据从简单到复杂的能力进阶式培养原则，以项目为基础构建知识结构，建设了"四层次"项目教学案例库，同时提出了"三维度、四层次、进阶式"项目化教学思路，构建了项目化教学课程体系。

1.2.3　创新创业教育人才培养模式研究

我国的创新创业教育发展相对较晚，学者们的看法各不相同，理论上缺乏成熟的理论指导。高校在创新创业教育人才培养模式上应该根据专业教育的特点进行选择和设计，体现自主性和实践性，同时应该考虑地域特点和院校条件，结合实际，深入研究。

1. 广谱式创新创业教育

广谱式创新创业教育面向全部学生，将能力和素养作为协同培养目标。广谱式创新创业教育体系，针对各个高校以往应用的组合教学模式，在教育理念方面进行优化，旨在为高校大学生提供更加具体和全面的创业教学辅助。当前，国内许多院校都在开展创新创业教育，形成了相对完善的发展局面。但部分高校仍未取得预期内的人才培养成效，创业者的成功概率正在逐步下滑。因此，广谱式创新创业教育体系的应用，实际上正是为高校提供了全新的创业教育改良目标。广谱式创新创业教育体系的特征主要有以下几个方面：

(1) 广谱式创新创业教育的主要特征在于"广"，即教育体系要面向全部大学生。无论学生当下是否萌生创业想法，或是否对创业行为存在抵触心理，高校都应一视同仁，面向每位学生开展通识教育。之所以将"广"作为核心特征，根本原因在于：当代大学生的思想相对成熟，但缺少社会实践经验。即使部分学生已经具有社会实践经验，这类经验也仅限于固定范围内。换言之，学生视角未能打开，建立在已知经验下的就业判断，无法代表学生的真正想法。因此，高校需要帮助学生拓宽眼界，帮助学生看到更多的就业可能性，学生才能找到未来的发展方向。广谱式创新创业教育以学生作为主要服务对象，可将学生利益作为优先考虑条件。由于教育的对象为全体学生，所以此时的教育应倾向于培养学生的创业素质、创业精神，从而有效地提升学生的自主学习能力。但是学生自身的素质是不同的，因此，在教育的过程中应分层次、有针对性地来进行，即在对学生进行创新创业教育时，结合学生的实际能力给予不同的鼓励与引导；同时，根据实际情况鼓励学生进行创新创业的实践锻炼，这种教育的延伸对于其创新能力的提升有着促进性的作用。例如，鼓励学生参与到高校所组织的各种实践性活动中去，让学生体会到创新的乐趣、提升其创新创业能力，最终实现针对不同学生，普遍提升其创新思维、创新能力的目的。

(2) 广谱式创新创业教育适用于不同高校的不同专业，没有专业方面的限制。我国高校教学环境具有分层特征，往往包含多个专业。多数高校内部专业方向各异，各个高校为进一步激活学生的创业思想，选择面对不同专业设定不同的创新创业教育体系。广谱式创新创业教育是建立在分层基础上的教育体系，在经过一段时间的发展后，已成长为成熟的教育体系，能够面向不同专业学生，提供准确的教学服务。

(3) 广谱式创新创业教育有四种教育模式：一是"通用型"，即启蒙教育；二是"嵌入型"；三是"专业型"；四是"职业型"。由于不同类型的教育引导内容不尽相同，因而教学方式的侧重点也应有所不同。例如，在进行前两种教育引导时，主要采用教为主的学习方法，同时辅助实践教学。而在进行后两种教育引导时则恰恰相反，应以实践教学为主，以教育学习为辅。这样的教学方法效果更加理想，可有效地帮助学生完善其创新创业时的能力；不仅如此，还进一步拓宽了学生的创业方向，为其独立开辟创业道路、提升创新思维奠定了一个良好的基础。高校里具有创新创业思想的学生，往往也会呈现出不同的状态。部分学生的创业思想尚未成熟，需要专业教师进行辅助，帮助其定位创业方向。而部分学生的创业计划已经设置完毕，需要高校提供资源和场地。因此，针对不同学生的不同创业思路，校方必须为学生提供差异性服务。

(4) 广谱式创新创业教育是面向全体学生的启蒙式教育，具有一定的普及性。在完成普及性教育后，教师应结合学生的特点，有针对性地对其进行适合的创新创业教育培养，即开展"嵌入型"的教育。广谱式创新创业教育，对于提升学生未来创办企业、规避风险的能力有着积极的促进作用，可有效地提升学生未来创业的成功率。另外，学生在创新创业的具体实施过程中，在心理上、具体项目开展上、市场的观察上都会遇到一些相应的问题。那么此时学校应结合自身的能力，以一对一的方式来为其提供咨询性的服务，让其依托学校现有的资源来度过其最初的创业艰难期，尽最大的能力来做好学生在校期间与继续教育期间广谱式创新创业教育的衔接，提升其创业的成功率。

广谱式创新创业教育是面向高校所有学生开展的教育，具有一定的理论价值，具体体现在以下三个方面：

(1) 明确了当前创新创业价值的实效性教育观念。虽然高等教育一直倡导素质教育，但是在具体的教育过程中教育时效性做得并不理想。广谱式创新创业教育理论将素质教育理念与职业教育相融合，对学生的创新创业思维进行了培养，有效地提升了其创业能力。这为符合社会性人才的培养奠定了良好的基础，同时也较好地解决了学生创新创业过程中的问题，为学生自我价值、人生目标的实现奠定了良好的基础。从这个角度出发，广谱式创新创业教育强化了素质教育的实效性。

(2) 提升了高校教学的内涵。广谱式创新创业教育的教育目标与人文素质教育理念是一致的，但又不完全等同于素质教育。高校开展广谱式创新创业教育，无形中促进了素质教育的发展，对于学生创新创业思维的培养更加有利，使素质教育培养更加具体化。广谱式创新创业教育针对性强，在对学生综合能力进行培养的同时，又对其个性化创新能力给予了针对性的教育。在这一角度下分析可得，广谱式创新创业教育是一种基于素质教育下的新型教育方式，其存在不单单提高了学生的创新创业能力，同时也是高校内涵建设的提升。

(3) 有利于教育与就业的衔接。广谱式创新创业教育为教育与就业的有效衔接奠定了一个良好的基础。这主要是因为面向全体学生的广谱式创新创业教育将素质教育具体化，从而有效提升了学生的综合素质、专业知识以及实践应用能力，为学生未来的创就业奠了良好的基础。因此，广谱式创新创业教育在教育与就业的衔接上起到了促进作用。

广谱式创新创业教育作为一种面向全体学生的现代教育理念，将其引入高校的教育中来，对于提升学生的创新创业思维、能力的培养有着极为重要的、积极的促进性作用。但是在进行教育引导的过程中，依然存在一些难点，有待人们进一步地去解决和完善，从而将其更为恰当地应用到学生的教育中来，更好地服务于学生。

2. 对接式创新创业教育

对接式创新创业教育遵循职业教育的服务宗旨和素质教育的社会属性，在科学发展观的指导下，秉承以人为本的理念，使素质教育、职业教育与不断变化发展的时代形势相合拢，在此背景下不断创新教育教学载体措施，满足社会需求，体现了职业教育的目标性、导向性和功利性，也是素质教育的一种新途径、新方法。对接式创新创业教育的核心理念是以人为本、因材施教，其主要内容是要对接学生特点、对接专业特色和对接行业（企业）文化。

对接式创新创业教育体系的特征包括：

(1) 高校创新创业教育要与学生学习特点对接。"对接式教育"的内核与指向就是学生，创新创业教育教学中必须要贯彻这个教育原则，根据学生的专业水平、学习特点和素质状况对症下药、分类教学，进行个性化教育，才能唤起大学生创新创业的热情，达到教育目的。麦可思公司发布的《2015年中国大学生就业报告》显示，当前大学生既有动手能力强、创业兴趣高等优点，又有强烈的专业自卑感、信心不足等问题。我国高校的创新创业教育教材体系不具备通用性，各高校尤其是地方性高校，创新创业课程改革必须结合学生的专业特点，结合他们的服务领域和发展领域，设计出特色鲜明的创新创业教育校本教材和教学评价体系，并且在创业政策导向、实践环节和基地建设方面都要体现出学校的办学特色。

(2) 创新创业教育要与不同院校特色对接。创新创业教育的定位直接关系到高校创新创业教育的内容、导向及教育效果。由于中国高等教育体系是研究型大学、应用型本科以及高职院校等并存的综合体系，类型和层次的多样性决定了人才培养目标也不同，不同类型、不同层次的高校应根据本校的优势、定位和文化特色，构建各具特色的创新创业教育体系。"双创"导向的高校创新创业教育坐标如何定位，既是高校创新创业教育的出发点，也应该是总体布局的关键点，直接关系到创新创业教育的内容、导向及教育效果，关系到"教什么？怎么教？"的原则方向，关系到高校在"双创"时代潮流中的地位功能。当前，高校的创新创业人才培养依然存在着定位不清和认识上的误区。明确人才培养的目标，既是创新创业教育的出发点，也是创新创业教育范式转换的前提依据。目前，在创业层次定位上存在着草根创业、技能创业、精英创业三种类型，高校创业教育处于中间层次，学生的创业属于技能创业。因此，高校创新创业教育应当以培养创新创业技能型人才为宗旨，形成自己鲜明的特色。

(3) 高校创新创业教育要与行（企）业文化和社会经济转型对接。不同类型的高校都有其特定的行业定位和办学定位，其校园文化已深深融入企业文化元素，并渗透在创新创业人才培养的各个层面。实现与行业企业文化的有效对接，既是高校的生存之道，也是高校创新创业人才培养的重要目标。当前我国正进行以创新驱动为主的经济社会转型，区域经济的发展可以为大学生自主创业提供较好的资源和优质的保障，为大学生创新创业提供广阔天地和创新平台。高校创新创业教育只有满足区域社会经济转型的需求，及时跟进本区域经济发展和行业需求，根据办学条件及时调整教学模式，使创新创业教育体系更贴合学校特色和所在区域经济特征，才能保障创新创业教育的时效性和长效机制。创新创业教育必须完成从"培养同质化的技能型人才"到"培养个体化的创新创业型人才"，从教育主体的"被动教育"到教育主体的"主动接受"，从"文本教育范式"到"人本教育范式"等的模式转换，同时实现创新创业教育与学生特点、院校特色和社会经济转型的有效对接，高校创新创业教育才会不断与时俱进，发挥它对国家"双创"战略的应有贡献。

3. "互联网 +"背景下的创新创业教育

目前，"互联网 +"模式下的高等教育从教育对象、教育环境、教育模式和教育资源等方面都发生了很多变化。通过互联网平台可以为大学生创新创业提供有效指导，使学生能够在信息化及全球化背景下提升他们的创业能力，这就需要高校在开展教育的过程中有效地把握机遇，同时深化教育改革，为大学生能够有效提升自己的创新创业能力提供帮助。

1) "互联网 +"背景下高校改革创新创业教育的总体方向

(1) 将创新创业教育与实践当作一项长期、系统的工程来建设。教育是一项循序渐进的长期工程，在人才培养的过程中，需要整合各方面资源，给予更多的关注和投入。高校只有通过不断探索新的教育体系和教育模式，提升人才培养的质量，才能实现教育兴国、国家创新的战略目标。大学生是社会进步的主要力量，尤其在当今大学生就业形势严峻的情况下，需要通过系统的创新创业教育，才能使其明确学习目标，提升实践能力。因此，创新创业教育是一项长期工程，不能将其进行短期化和片面化。

(2) 在宏观层面，利用互联网平台建立完备的创新创业体系。日益发展的互联网为大学生进行创新创业活动提供了良好的平台和环境。有效利用互联网，促进高校创新创业能力，提高创新创业层次。创新创业教育是一个循序渐进的过程，不能急功近利，追求短期成效。良好的创新创业机制可以避免高校教学资源的浪费，从而提高效率。各高校应该从自身特点出发，依托区域优势，形成体现区域特色的大学生创新创业教育机制。

(3) 在微观层面，利用互联网平台形成良好的创新意识和创新能力。大学生创新创业教育应搭建互联网实践平台，培养学生形成创新思维的浓厚兴趣；同时，将工作重点更多地放在培养大学生敢于创新的精神和意识上，同时让他们具备吃苦耐劳和从底层做起的品质，避免在就业时出现"羊群效应"。大学生的创新创业教育要将"素质型"和"职业型"两种类型做到有机结合，统筹兼顾。

2) "互联网 +"背景下高校进行创新创业教育的新模式

在"互联网 +"的背景下，高校正在积极地探索以及构建科学的教育模式，从而促进大学生能够掌握更多、更好的创业以及创新知识，最终有效提升大学生的综合素质与能力，为大学生创业就业带来帮助。高校的创新创业教育模式要保证并体现整体性、开放性和时代性。

(1) 采用立体化模式，全面提升大学生的综合素质。在互联网时代，大学生在接受信息方面拥有良好的途径，加之其思想开放多元，对教学要求高，因此，高校需要积极地构建新的创新创业教育模式，从高校、年级以及学生等三个不同的维度，要尽可能地做到因学生而异，根据学生所处的程度、学习层次、阶段特征、专业特点以及成长特点来开展创新创业教育，进而帮助高校有效提升大学生的创新创业能力。

首先，按照大学生的特点与个性而开展教育。针对大学生的实际情况分析，他们对创新创业知识的理解以及认识程度具有较大的差异性，因此，教师在对大学生进行创新创业实践教育的过程中，就需要遵守学生所具有的特点，从而实施个性化的教育。在理论教学方面，高校需要从理论知识的角度做好重点设计，为学生能够有效掌握创新创业知识提供科学的教育体系保障。在实践教育方面，教师需要重点做好指导，因为当前的大学生还处于知识掌握阶段，同时又具有一定的分析能力、思考能力以及判断能力，要培养其创新创业能力就需要重点挖掘其潜在的能力，并能够激发他们的兴趣，更好地提升他们参与创业的能力。大学生在接受高等教育方面，需要学会从不同角度分析问题，从而促进自己的思维能力提升，这就需要大学生能够尽早地认识到自己的特点与个性，并能够在实践教育过程中结合教师指导有效地提升自己的创新创业能力。

其次，根据大学生所处的不同年级而设计课程。从我国当前的学制角度分析，大学学习基本是四年制的，因此，高校在开展创新创业实践教育方面需要根据学生所在的年级而开展教育。例如，学生刚进入大学时，应该从学生的思想、生活以及思维角度给予指导，从而帮助大一新生调整自己的学习方式以及学习习惯，为他们顺利地适应大学生活提供帮助，同时也能够在理论学习的过程中加强对大学生的职业教育，使大学生能够在良好的学习规划下度过自己的大学时光，并能够为学生提供一定的创新与创业指导。

(2) 通过"理论＋实践＋实战"三位一体模式培育学生的创新创业能力。所谓的三位一体模式，就是教师在教育指导过程中需要坚持做到理论知识学习、实践模拟以及重在实战。通过这样的模式能够有效提升学生的能力。同时，教师在开展通识教育时，要使大学生能够在此阶段打好基础，为顺利进入后期学习而带来帮助；此外，教师在理论课程中还可以把创新创业的知识传递给大学生，从而有效帮助大学生在理论学习中掌握一定的实践技能。这样，一方面可以克服教师单纯教授理论知识所带来的枯燥问题；另一方面，大学生在接受知识的过程中也能够有效提升自己的效率。此后，教师再开展一些创新创业的模拟实训。例如，当前许多高校组织学生开公司以及办企业的方式，让学生能够亲身感受公司以及企业是如何运作的，在实践过程中有效提升自己的创新能力。

(3) 结合"泛在学习"模式进行教育。当前，人们接受来自互联网信息的渠道日新月异。高校在培养大学生的创新创业能力时，可以在互联网的模式中开展"泛在学习"活动，进而有效提升大学生的综合能力，实现更好的学习效果。例如，慕课 (MOOC)、创客教育等模式都能够为大学生学习提供良好的帮助。

首先，加强对慕课 (MOOC) 以及微课的开发。高等教育已经逐渐地进入大众化教育阶段，高校在创新创业实践教育的过程中需要重点给予大学生科学的指导。慕课可以给学生提供丰富多元的学习选择，减少大学生的学习成本；慕课还可以培养学生主动获取知识的兴趣和能力。从大学生的就业角度分析，大学生需要主动参与创新创业，这样一方面可以有效解决自己的就业问题，另一方面也能够提升自己的综合能力。从高校的实践教育角度分析，需要通过微课以及慕课 (MOOC) 给予大学生指导。这种教育模式的优势就是不仅满足了大学生的个性化学习要求，还体现了个性化的教育特点。从大学生自己对学习要求的角度分析，慕课以及微课学习的模式需要广大的教师不断参与，开发更多有价值的课程，满足大学生在实践中及时补充能量的需求。

其次，开展创客教育。"创客"(Maker) 一词起源于美国，它主要是为一些具有自己的独特想法的学生提供一个继续发展自己优势的平台。在这种创新模式教育中，学生不再受到学习时间以及地点的限制，这对学生个人而言是提升创新创业能力的有效方式。大学生能够在创客空间中与他人共同学习、沟通交流思想、分享知识以及创新想法等。因此，高校在开展创新创业实践教育的过程中，可以把"创客教育"的模式引入课程体系中，从而使得创客教育能够为大学生的学习带来帮助，并能够把创业的精神与教育结合在一起，有效地满足大学生的创新创业学习要求，使大学生能够在组建创客团队的过程中有效提升自己的综合能力。

4. "三三三四"模式创新创业教育

2018 年，陈烨等学者通过对计划行为理论 (TPB) 的研究与应用，构建了"三三三四"教育模式，以高校创新创业教育为基点，实现"面向全体、结合专业、分类施教、强化实践"的创新创业教育模式。

创新创业教育"三三三四"模式，即践行三大理念、整合三类资源、组建三支队伍、构建四阶段培养体系，如图 1-7 所示。

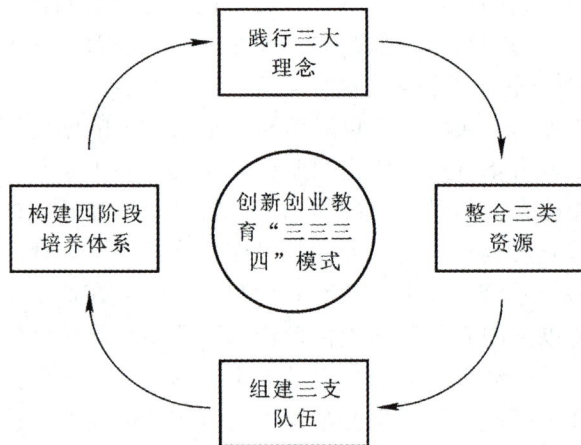

图 1-7　创新创业教育"三三三四"模式

1) 计划行为理论

计划行为理论 (Theory of planed behavior,TPB) 是阿耶兹 (Icek Ajzen) 基于理性行动理论 (Theory of reasoned action,TRA) 提出的，是当前社会心理学中最著名的态度行为关系理论之一。计划行为理论主要讨论五个关键要素之间的关系，即行为态度、主观规范、知觉行为控制、行为意向和实际行为之间的关系。计划行为理论认为，个体的行为处于各种因素的综合控制之中，如图 1-8 所示。行为意向是个体行为的前因变量，而行为意向受到行为态度、主观规范和知觉行为控制等因素的综合影响。

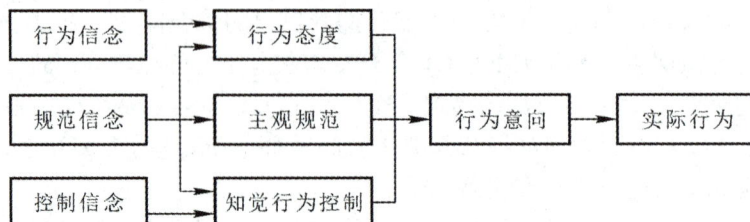

图 1-8　计划行为理论 (TPB) 逻辑图

（1）个体的"行为态度"，即行为个体对某一特定行为发生后所产生的结果所进行的评估状况；

（2）个体的"主观规范"，即行为个体在综合社会规范和其他压力等所有外界因素后得出的主观评判；

（3）个体的"知觉行为控制"，即行为个体对某种行为发生过程中难易程度的主观评判。

综合而言，个体的行为意向是个体对于采取某项行为所抱持的态度、影响个体采取某项特定行为的主观规范和知觉行为控制共同作用的结果。教育是有意识地以影响人的身心发展为直接目标的社会活动。基于计划行为理论，创新创业教育的关键是要有针对性地影响对学生创新创业的"行为态度""主观规范"和"知觉行为控制"。

2）创新创业教育（三三三四模式）

（1）创新创业教育的前提：践行三大理念。创新型人才的主要行为表现是：善于发现问题，惯用理性思维，专注重点，注意细节，不断学习，人格健全等。培养创新人才要重点从培养学生的发散思维能力、批判思维能力、隐喻联想思维能力等人格因素入手。因此，在创新创业教育实践中需要注重践行以下理念。一是践行"规划成长，兴趣为本"的理念。高校学生的创新创业教育要尊重学生的主体地位和个性发展需求，强化批判思维的养成；同时基于学生的性格、兴趣、爱好和专业优势等个性特质确定创新创业教育目标，引导学生制定合理可行的创新创业生涯规划。二是践行"能力提升，创新为要"的理念。学校的创新创业教育不再是独立于专业人才培养体系之外的附属品，而是深度融入人才培养全过程，将创新创业教育与专业教育紧密结合，通过"双创"教育形成学生的创新创业意识和能力，拓宽职业生涯发展路径，由被动就业转向主动择业。三是践行"创业发展，实战为上"的理念。将企业岗位的创新案例和技能设计成教学项目，开发出具有高校特色的创新创业课程，搭建创业学院、创业园、创业实训基地、大学生创业孵化器、产学研中心、创业企业等基于岗位和社会需求的双创实践平台，让学生在"真刀真枪"的实战环境中提升创新创业能力。

（2）创新创业教育的保证：整合三类资源。高校的创新创业教育体系是一个生态系统，需要整合多方资源以提供保证。一是整合国家和省市的政策资源。高校要在贯彻落实好国家创新创业的大思路、大举措的基础上，整合利用好国家、省市区的各类创新创业扶持政策，进而优化校内创新创业教育的制度设计。二是整合周边科研院所和创新创业教育机构的理论资源。高校要整合周边的理论研究资源，强化自身创新创业理论研究，进而加强对学生创新创业实践的指导和服务。三是整合合作企业的实践资源。高校要发挥校企合作的资源优势，深化校企合作，尤其是拓展与中小微企业的合作，为学生创新创业教育和实践提供广阔的平台。

（3）创新创业教育的关键：组建三支队伍。"推进高等学校创新创业教育工作的关键之一，是要着力培养建设一支既有理论知识又有实践经验，专兼职结合的创业教师队伍。"推进高校创新创业教育，关键是要组建三支队伍。一是创新创业辅导教师队伍，主要负责讲解创新创业政策和流程，让学生明确创办企业的途径和方法、了解创新创业各环节中的问题、学会整合优势资源等。二是专业负责人、大师名师与能工巧匠团队。该团队在专业前沿、工艺流程以及设备等方面具有深刻的研究和理解，主要负责与学生探讨本专业内哪些方面具有创新创业的价值，并为学生的创新创业指明方向和目标。三是集聚成功人士和社会名流。高校的创新创业教育应注重发挥典型案例的引领价值，让社会成功人士和社会名流来校现身说法，讲述创新过程、创业局势以及创业经验，帮助学生认清创新创业的方向，让学生少走弯路，激发学生的创业激情。

(4) 创新创业教育的根本：构建四阶渐进式人才培养体系。四阶渐进式创新创业教育体系，如图1-9所示。实施创新创业教育，是要对现有的教育观念和教育体系进行根本性的变革。

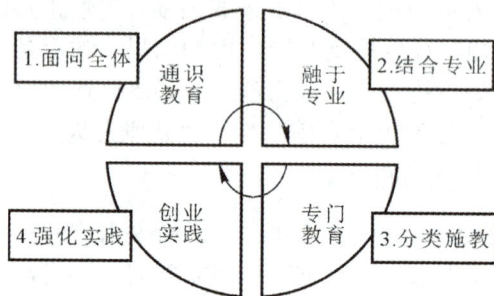

图 1-9　四阶渐进式创新创业教育体系

一是要全面推进通识教育，实现创新创业教育全覆盖。高校要将创新创业教育的基础理论知识纳入公共必修课教学计划中，并按照分阶段、模块化的方式面向全体学生开设，使全体学生都能接受创新创业的基础教育，从而唤醒创新创业兴趣和志向。

二是融于专业开展创新创业教育，实现结合专业开展创新创业教育。各专业要以培养学生的批判思维和创新创业能力为重点，开发创新创业教育课程，重新修订专业教学计划、专业课程标准和教学内容。

三是开展针对性专门教育，实现分类施教的创新创业教育。对有创业意愿的学生，由创业学院等统筹组织开展SYB(START YOUR BUSINESS)等创业类专门培训。在此基础上，针对有创业项目的学生，进一步遴选吸纳其进入创业训练营进行全真模拟创业，同时安排校内专任教师、创业导师和校外创业导师共同组成指导团队全程指导。

四是助力创业实践，实现强化实践的创新创业教育。经针对性教育并经过遴选的创业项目入驻学生创业园、创业苗圃或校内创客空间，进行创业实践。学院为所有学生创办企业安排"一对一"的创业导师，并对创业学生及其团队成员提供个性化的培养和实践指导。

5. 创新创业教育的创新型模式

在创新创业教育实践中，我国许多高校积累了不少经验，构建和创立了不同的创新创业教育模式。但由于每个学校具体情况差异较大，对创新创业教育模式的归纳和提炼角度不同，因此，模式的种类、内涵和级别都难以做出简单区分。2019年乐乐、雷世平针对高校已形成和正在构建的创新创业教育模式进行了系统的总结和分析，提出了四种创新型的创新创业教育模式。

1) 四种创新型的创新创业教育模式

(1) 基于面向全体的"适应式"创新创业教育模式。"适应式"创新创业教育模式以素质教育为主题，以创新精神、创业思维的培养为核心，以人才培养模式和课程体系的改革为重点，实现人才培养体系的重构。这种模式运行的根本目的是要让每一个学生都能参与到创新创业教育的活动中来。不因受教者个体需求的变化而随意改变初衷。这种模式强调三个结合：

一是创新创业教育与通识教育相结合，面向全体学生开发开设创新创业、就业指导等方面的必修课和选修课，建设依次递进、有机衔接、科学合理的创新创业教育专门课程群，让全体学生均能接受创新精神、创业意识等方面的基础性普及教育，让其真正成为面向全员的普适性教育。

二是创新教育与专业教育相结合，让创新教育融入人才培养的各个环节，将创新元素融入各专业课程教学之中，让创新创业教育渗透到人才培养全领域，使其真正成为全程的持续性教育。

三是创新知识教育与创新实践活动相结合，让其成为全面的综合素质教育。

(2) 基于竞赛机制的"选拔式"创新创业教育模式。"选拔式"创新创业教育模式的主要特征是：以成熟竞赛机制为基础，以发现和选拔创新型人才和创新创业项目为重点，实现优秀人才或创新项目的脱颖而出，它是一种"择优或激励式"的创新创业教育模式。这种模式的形成需满足三个基本条件：

一是要有完备的竞赛机制，即依托国家和省级现有创新创业大赛事项，借助人才培养体系的改革，建立与省赛、国赛相衔接的校内创新创业竞赛选拔制度，推进创新创业竞赛的制度化、规范化；以此激发学生的创新创业热情，推动创新创业项目脱颖而出。

二是通过"选拔式"教育激发出了一批有创新意识、创新热情和创新创业能力的学生，他们有敢于接受选拔的勇气和信心。

三是对有创新创业意愿的学生开展专门个性化培训；对学生的创新创业项目进行遴选，为其开办专门的创新创业训练营，在校内专任教师或创新创业导师的指导下进行系统的训练和培育。

(3) 基于发散思维的"体验式"创新创业教育模式。"体验式"创新创业教育模式的主要特征是：以免费或低成本、便利化的平台为依托，以协同和互助为推手，以创新点子的萌生、发散和成长为目标，实现由"聚合"到"聚变"效应的变化。它是一种"催化剂式"的创新创业教育模式。这种模式构建的主要条件是：

一是学校必须建立类似创客空间这样的创新创业实践平台，并面向学生群体开放，建立起部分服务免费、部分收费，或者会员服务的相关制度和创业辅导制度，为创业者提供免费或相对较低成本的成长环境。

二是学校要举办创新创业沙龙、创新创业训练营等活动，培育创客文化，促进创业者之间的交流和圈子的建立，形成互帮互助、相互启发、资源共享的互动和互助氛围，让创新创业蔚然成风。

三是要通过提供场地、举办创新成果展示活动，方便学生的产品展示、观点分享和项目路演等。尤其是对风险预期相对较大的创新点子，要提供必要的材料、设备和设施支持。

(4) 基于校企合作的"实战式"创新创业教育模式。"实战式"创新创业教育模式的主要特征是：以校企合作为纽带，以大学生创新创业园区为依托，以创新创业项目的产业化 (孵化) 为目标，实现创新创业的点子生根、开花和结果。它是一种"转化式"创新创业教育模式。这种模式构建的基本条件有：

一是校企合作共同推进基于岗位和社会需求的"双创"实践平台建设，如大学生创新创业园、创新创业实训基地、创新创业孵化基地等。

二是加强"实践型"教师团队建设。校企合作，共同打造一支名师引领，专业骨干教师、专业带头人、能工巧匠支撑的双师"实践型"教师队伍，帮助学生掌握新技术、新工艺以及新设备，并通过技术型或工艺型创新创业项目，指导学生拓展创新思维、孵化创新创业项目，让学生在项目策划、执行和评价中成为创新创业项目的主体。

三是构建创新创业实践共同体，实现"校内教师+学生+创新导师+企业技术人员"协同攻关，培育和孵化优秀创新创业项目，让学生在实战环境中提升创新创业能力，让好的创新创业项目转化为现实的生产力。

2) 创新型教育模式的选择与运用

适应式、选拔式、体验式和实战式创新创业教育模式是高校在创新创业教育研究与实践中探索和总结出来的，四种模式按照从全体到部分、从理论教育到实践探索顺序排列，体现相互之间的依次递进和纵深推进。由于每一种模式都满足了不同学生群体对创新创业教育的实际需求，对不同的学生群体要选择相应的创新创业教育模式。

(1) 紧扣"三全育人"发展定位，抓好广谱式教育模式的运用。国家创新驱动发展战略决定了高校创新创业教育价值取向必须是"三全育人"教育，即面向全体学生的普适性教育、全面的综合素质教育、全程的持续性教育。学生创新创业能力的形成并非一蹴而就，需要持续不断的培养。因此，各高校必须要树立"循序渐进，持续发力"的理念，重视创新创业教育的全程性、能力形成的渐进性，深化教育教学改革，实现人才培养体系的重构，促进创新创业教育与文化素质教育、专业教育的有机融合，做到分阶段、有重点、系统化地推进创新创业教育，在持续发力中实现学生创新精神、创业意识的培育和创新能力的提升，让每一位学生都能成为广谱式教育模式的受益者。

(2) 坚持因校因人制宜，科学选择适宜的教育模式。创新创业教育模式是为实现创新创业教育目标、完成特定的教育任务而采取的方式和方法。除广谱式教育模式之外，其他几种模式并非针对所有学生群体。创新创业教育的"三全"定位，强调了创新创业教育的全覆盖，但它并不排斥学生的个性发展。其实每个学生都是独一无二的，高校创新创业教育必须尊重学生的主体地位，关注学生的个性发展，尤其要依据学生的性格、兴趣、爱好等个性心理特质和专业特点，规划其个性化创新创业发展目标，引导其制定符合自身实际的个性化行动方案。因此，我们要坚持因校因人制宜，根据不同学生群体创新创业的个性需求采取合适的教育模式，宜用选拔式、体验式就不必用实战式，不能主观臆断或采取"一刀切"的做法。另外，随意扩大不同模式的适用范围，亦会适得其反。

(3) 统筹兼顾合理配置，强化各种模式的综合运用。高校创新创业教育是全面性的教育，是创新创业教育和创新创业实践的内在统一。创新创业教育是基础，创新创业实践既是创新创业教育的重要延伸，也是创新创业教育的落地、生根。不同学生创新创业需求的多样性，决定了创新创业教育模式的多重性，即高校创新创业教育模式不可能是单一价值取向的。社会和受教育者个体需求的多样性，决定了高校创新创业教育模式相应地会呈现出交叉性。

换言之，根据不同学生的个性需求差异，同一所高校可能会同时采用不同的创新创业教育模式，所以各高校要统筹兼顾不同学生群体的需求，合理配置各种模式，充分发挥各种模式的综合效益，提升创新创业教育的质量。

2015 年，国务院办公厅印发《关于深化高等学校创新创业教育改革的实施意见》，正式提出创新创业教育这一概念，重点是"提高学生的创新精神，创业意识和创业能力"。对于学生而言，接受创新创业教育，既可以提高专业知识的广度和深度，也可以有针对性地提高创新思维能力，锻炼实践操作能力，促进全面发展和综合素质的提高；对于社会而言，开展创新创业教育可以为社会提供更多拥有发展性思维的创新型人才，还可以使创业成为缓解就业难的有效途径，给社会经济发展做出不同的贡献。

创新创业教育是新时代对提升学生素质的新要求，面向所有学生，面向所有教育阶段，其目的是让学生利用所学的知识，熟练所学的技能，在受教育过程中获得创新意识的培养和创新能力的提高，以更强的综合实力面对社会生产过程中出现的挑战。

1.3　专业教育与创新创业教育的关系

创新创业教育是一种教学模式和理念的革命，其目的是培养学生具有创新的思维、创业的意识和敢于开创事业的精神。高校在人才培养定位上要注重对学生创新精神和创业意识的培养，在人才培养过程中要进行人才培养模式多元化的创新；在教学手段上要充分利用信息化教学工具，开阔学生的视野，让学生更多地了解世界构成的多元性；在课程教学内容上要解构原有知识体系，侧重技术应用方向的教育教学；在专业课程构建理念上要改变传统的学科固化思维，倡导应用思维导向课程体系的构造。基于这些目标要求，教育部在 2018 年发布了国家本科专业教学质量标准，再次对创新创业教育模式理念的运用做出了指导。专业教育与创新创业教育在内涵方面的比较情况如表 1-1 所示。

表 1-1　专业教育和创新创业教育内涵比较

人才培养体系	专 业 教 育	创新创业教育
人才培养目标	侧重专业知识体系的完整性，学生在本专业领域的知识框架	侧重学生综合素质、学生创新工作的能力和自主开创的能力
人才培养模式	方法单一，注重知识传授，重共性，轻个性	方法多样，手段多变，注重共性与个性并举，强调知行合一
人才培养途径	理论讲授＋综合实训，3.5 年的校内教学＋0.5 年的毕业实习	产教融合，工学交替，教研融合，教学做一体化，完善的认知、跟岗、顶岗实习系统
人才培养保障	固定的实验实训条件，单一校内教学团队，少数的几个实习单位，固定的课程体系，严格的学制管理	开放的实验实训、政校企结合的师资团队、稳定的校外实训基地、灵活多变的学分管理、多样化的选修课程体系
人才培养评价	以知识掌握程度为主导的考核	以能力为主导的考核

创新创业教育和专业教育都是高等教育的重要组成部分，二者各具特色，相辅相成。在教学内容、教学模式等方面，创新创业教育与专业教育都存在较大差异，但二者都是以培养适应经济发展的高素质人才为根本教育目的的。

1.3.1　专业教育领导创新创业教育

专业教育是大学生创业教育的基础和前提。通过诸多大学生成功创业的案例可以发现，研究类项目是引发学生创业积极性的重要手段之一。不少大学生通过科研项目研究出专业中的新思路、新产品，也有不少同学研究出了许多专利，这些只要顺应市场的需求，都可以成为大学生未来创新创业的主营业务。因此，专业教育可以通过科研项目等先进的渠道，引发学生的创业思路。专业教育对创新创业教育具有领导作用，但不存在绝对支配作用，因为不少大学生通过类似开网店等一系列非专业方向的创业活动也走向了成功。

1.3.2　专业教育渗透创新创业教育

专业教育如果要求能够促进学生去创新创业，"渗透"作用必不可少。所谓"渗透"作用就是说授课教师需要在专业课的讲授中引出该课程的创新性和发展趋势的一种教学方式。这对授课教师的要求比较高，如果授课教师不能很好地把握所讲授课程的历史、发展现状及前景，就很难在课堂中促进大学生开展创新创业，那这门课程的"渗透"作用就很可能不到位。

1.3.3　创新创业教育引导专业教育

不少大学生创业者都会选择自己在专业上已经研究出的成果或者正在研究的项目作为自己的营业项目。所创之业如果要在市场竞争中取得稳步发展，就必须要创新，而专业教育又是创新的制约因素之一。创新创业促进了大学生对专业知识的渴求，使其更加热衷于掌握能够实施的、具备很强可行性的专业知识。若专业教育不具备可行性和应用性，将会对大学生的创新创业产生抑制作用。

1.3.4　创新创业教育促进专业教育

大学生创业仅靠稳定的运营是远远不够的，尤其是以专业为依托的创业，必须不断地创新。新项目、新思想需要通过研究来实现其价值，这就要求专业教育能够为学生提供发挥创新思维、实现创新成果研究的平台。创业使学生的科研需求得到加强，他们为了挖掘市场、宣传自己的产品优势，必须在现有产品基础上开拓出新的方向、新的思路。在创业的主导下，大学生的科研需求得到调动，科研热情得到激发。创新创业教育能够将专业教育的效能最大化，促进学生将相关方向的专业知识熟练掌握。

1.3.5　创新创业教育调控专业教育

创新创业教育要求促进学生综合能力的培养，除了学生的课余活动，课内教学便是提高大学生综合能力的最有效的途径之一。当然，这对教师的要求比较高。如何教好一门课，如何在授课过程中培养学生的综合能力，怎样开设教学中的多样化环节等问题，对专业教师来说都是一种挑战。为了能让学生提高创新理念、强化创业思路，专业教育必须要顺应时代发展的要求、紧跟时代步伐。大学生创业对专业知识的需求必须通过专业教育的调控来完成，陈旧的专业知识、落后的培养方案都是制约大学生成功创业的主要因素。

综上所述，专业教育是高校开展创新创业教育的重要基础，为创新创业教育提供了强大的支撑，保证创新创业教育更加顺利地开展，而创新创业教育的成果也会反过来影响专业教育的改革进程。推动专业教育与创新创业教育在高校中的融合，不仅有助于创新创业教育更好地渗透进日常教学中，还能使专业教育的发展更加具有活力，如图 1-10 所示。

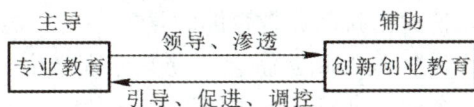

图 1-10 专业教育与创新创业教育的关系

1.4 专创融合教育

2010 年 5 月，教育部发布《关于大力推进高等学校创新创业教育和大学生自主创业工作的意见》，要求各地面向全体学生大力推进创新创业教育，创新创业教育要融入人才培养全过程。国家教育行政管理部门分别从创新创业教育的目标、课程体系、课程标准、实践体系等方面发文助推专业教育与创新创业教育的融合发展，切实将创新创业教育贯穿于人才培养的全过程当中。

1.4.1 "三螺旋"理论的内涵

"三螺旋"理论最先出现在生物学领域，用于遗传学基因表达等科学研究。1997 年，美国社会学家亨利·埃茨科维兹 (Henry Etzkowitz) 借鉴这一思想，首次提出高校、产业和政府三者的三螺旋理论，指出其就是一种大学、产业和政府在创新过程中形成的新型关系，三者彼此合作并互相影响，各自保持相对独立的地位，并在此基础上给出了三螺旋模型的理论体系。后来，亨利·埃茨科维兹和阿姆斯特丹科技学院的罗伊特·雷德斯多夫 (Loet Leydesdorff) 教授基于三螺旋概念，进一步提出了著名的官、产、学"三螺旋"理论，探讨了知识经济时代下政府、企业和高校三者的新型互动关系，如图 1-11 所示。该理论认为政府、企业与高校在保持主体身份的情况下，各自独立发展又相互交叉影响，形成一个三方合力的闭环，两两合作互惠互利，彼此重叠相互促进。该理论被学界认为开创了创新研究的新领域、新范式。

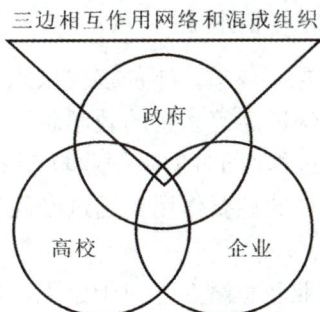

图 1-11 "三螺旋"模型理论体系

1.4.2 "三螺旋"理论体系在专业教育与创新创业教育融合中的应用

斯坦福大学针对创新创业教育与专业教育融合的问题构建出了三螺旋体系,并依托其优秀的教育资源,建立了完备的创新创业教育的教学、科研和实操的人才培养方案。三螺旋体系,实质上是通过三个主体间的相互融合,使其分别产生新的结构变化和内容变化,衍生出创新的效果。政府、企业、高校三个主体独立发展和相互促进,为彼此提供不断向前发展的动力。

在三螺旋理论体系的协作框架下,政府、企业和高校三方相互作用,构建相互支撑的环状创新创业结构网,利用三者紧密融合的关系,实现可持续发展。因此,基于三螺旋理论体系,分析政府、企业和学校在融合过程中的关系,有利于明确专业教育与创新创业教育融合过程中,政府、企业和学校三大主体的地位和作用,实现资源利用的最大化,有效推进专业教育与创新创业教育的融合。根据理论体系结构基础,设计专业教育与创新创业教育融合影响因素模型,如图1-12所示。在高校、政府和企业共同努力下,推动师资队伍融合、课程建设融合和实践活动融合,提升学生专业知识、创新能力和综合素养,实现高校复合型人才培养的目标。

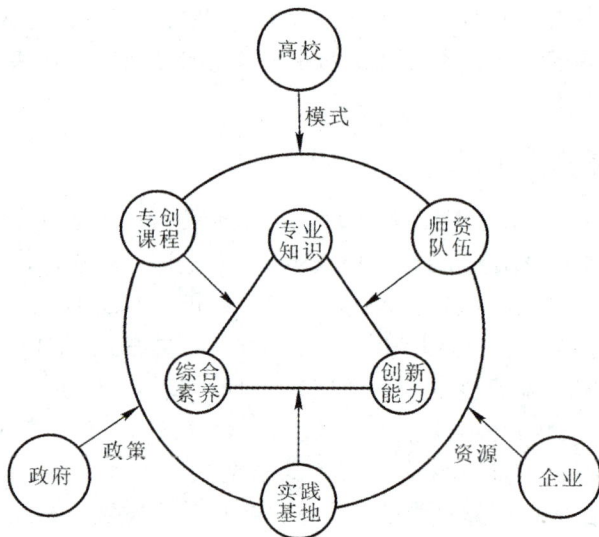

图 1-12　专业教育与创新创业教育融合模型

1.4.3　专创融合教育对人才培养的作用

高等教育作为教育层次中的重要环节,不能仅仅依靠某一种教学模式进行教学,而是应通过多种教育形式融合的方式保证高等教育的教学质量。在传统的专业教育中渗透创新创业教育需要一个探索和积淀的过程,同时创新创业教育和专业教育有各自的优势和特点,在高等教育的发展中有着不可忽视的重要作用。通过专创融合,可以改进高等教育办学理念,促进人才培养质量改革。

高校开展专业教育与创新创业教育融合,对于学生在自己的专业领域中获取到全面的理论知识和实践技能有较大帮助,学生可以将所学的创新类知识与自身专业知识和技能进行结合，提升自身的创新能力。

将创新创业教育与专业教育相融合是实现教育供给侧改革的重要手段，也是实现培养适应创新型社会发展需要人才的重要方式。以专业教育和创新创业教育的内涵为逻辑起点，深入分析各概念之间的异同，并指出创新创业教育与专业教育融合是社会对高校人才培养质量的迫切要求，也是高校深化教育改革的突破口。

1.5　高校专创融合教育研究背景和研究意义

专业教育与创新创业教育在高校教育中是相互配合、互为补充的。一方面，要想培育高素质的专业人才，创新创业教育的培养就需要建立在专业教育的基础上，紧密联系专业教育，以专业知识和技能为依托，不可孤立存在；另一方面，创新创业教育的融入可以使模式较为单一的专业教育得到改善，激发学生的学习动力，使学生对于专业课程的教学目标和实践应用等有更为深刻的认识。这是专业教育改革发展的必由之路，也是专业教育必不可少的补充，二者融合是契合双创时代需求的大势所趋。

1.5.1　研究背景

在创新驱动发展战略背景下，社会对人才的需求愈发迫切。高等教育是培养创新型人才的重要途径，为适应市场需求，通过专创融合教育培养面向生产、服务及管理一线的高技能型人才，具有重要意义。在国家政策驱动下，高校不断深化创新创业教育改革，促进其与专业教育深度融合，不仅能够适应当前社会对高等教育培养创新型人才的要求，也为高校加快高质量发展提供重要契机。

1. 国家政策导向

2015 年，我国创新创业教育的发展有了社会大环境的支持，进入了高速发展阶段。同年，国务院办公厅印发《关于深化高等学校创新创业教育改革的实施意见》，强调高校在培养创新型人才过程中的基础性地位，将创新创业教育作为中国高等教育综合改革的重要组成部分，并对高校提出新要求，即"促进专业教育与创新创业教育有机融合，调整专业课程设置，挖掘和充实各类专业课程的创新创业教育资源，在传授专业知识过程中加强创新创业教育"。《高等职业教育创新发展行动计划 (2015—2018)》强调，省级行政部门、高职院校、社会企业要共同参与，促进专业教育与创新创业教育的有机融合。因此，国家高度重视并支持高校创新创业教育的开展，并给予必要的政策引导与保障。

2. 高校加快内涵建设的需要

加强高校内涵建设，加大人才培养力度，培养更高质量的人才，促进高校可持续发展，日益成为高校不断发展的必然要求。高校在教育实践中不断增强服务社会的意识、提升促进区域经济发展的能力，逐步形成适应社会需求、产教深度融合的教育模式，其目的在于培养专业素养高、创新能力强的高技能人才。强化专业教育内涵建设，是当前高等教育发展的根本任务。这项任务的重中之重便是深化教育改革，全面提升人才培养质量。专业教育和创新创业教育有效融合，能拓宽学生专业能力培养的实践渠道和方式，让学生所学专业知识与实践的关联性更强，巩固学生对知识的内化，提高学生的实践和创新能力，最终提升人才培养的质量。另外，专业教育与创新创业教育融合可以推进高校内涵式发展，促进高等教育质量的提升。

3. 提升高校毕业生就业创业质量的需要

2022 年，我国高校毕业生已超过 1000 万，要想在日趋激烈的就业竞争中寻得适合的岗位，必须具备过硬的专业能力。但目前我国高校在教育教学过程中，并没有完全将创新创业教育理念渗透到学生的日常专业学习之中，学生的专业创新实践能力有所欠缺。

为不断提升毕业生的社会竞争力，高校一方面需要提升专业教育质量，让学生牢固掌握与专业相关的知识与技能；另一方面，在保证学生专业能力过关的前提下，应有效融合创新创业教育，提高学生的创新能力，将学生培养成具有深厚专业素养的创新型高技能人才，提高毕业生社会竞争力。在不断深化推进创新创业教育的改革进程中，不少高校都实现了突破和发展，但就如何继续深化创新创业教育，也面临着许多现实的问题。如何将创新意识的培养与创业能力的提高融入人才培养的全过程中，与专业教育更好结合，使高校学生在具备专业知识与技能的基础上，同时具备一定的创新意识与能力，是值得我们思考的重要课题。

1.5.2 研究意义

近年来大量的教育改革理论研究和实践，为素质教育形成了一定的理论基础和实践积淀。但因受长期的专业至上、学科分隔、技能先行等强调专业教育的办学思想影响，高校始终没有摆脱传统的学科本位教育模式，甚至走入较为激进的岗位本位模式。而构建专创融合教育的人才培养模式，可以使学生在学习中形成专业知识架构的同时，通过创业项目和创新意识的驱动，验证自身的理论知识和专业技能的现实可行性，加深对知识构架之间关联的认识，学会动态地理解所学专业知识。

同时，双创教育可以培养学生的思维、辨析和决策能力，使之达成由知识学习到能力兼备的转化，完成对学生学习、生存以及终身发展能力的一体化塑造，从而使高等教育回归到育人本位的素质教育。

目前，受地域人文等因素的影响，创新创业教育资源较为匮乏，且往往与专业教育脱节。这主要表现在：

(1) 创新创业导师一般没有真实的创业或者企业经历，给学生的指导基本停留在理论层面，对实际创业过程中的困难以及解决路径知之甚少。

(2) 高校进行的创新创业教育大多流于形式。例如，举办各种创业大赛时，学生参与的动机多数只是为了获取奖金或者学分，且参与比赛的项目基本与自身所学专业无关，根本无法体现其专业技能。学生创新创业目的的盲目与内容偏失，说明目前高校对学生缺乏专业的双创指导，无法与专业教育相融合。以上这些表现都说明创新创业教育迫切需要专创融合，这有助于高校教育资源的整合与提升。

　　在创新创业教育持续深化的大趋势下，高校发展面临新的挑战和机遇。在这一趋势下更有必要去深入探讨创新创业教育与专业教育的有效融合路径。对高校创新创业教育与专业教育的有效融合路径的不断深入探讨与研究，有助于进一步完善和优化创新创业教育的理念和方法，为当下中国高等教育中创新创业教育的发展提供理论借鉴。

　　做好高素质创新型人才培养工作的关键举措之一就是深入探索高校创新创业教育与专业教育的融合路径，进而有助于高校更加深入地将专业教育和创新创业教育在更深、更广的层面上进行有机融合，全面提高学生的基本素质与素养，使得高等教育的教育教学改革不断向前推进，促进高校的发展；有助于提升大学生的综合素质及其个性化发展；有助于经济社会发展与高校毕业生之间形成更高质量的就业良性循环，使得更多高校毕业生能就业、就好业。另外，通过深入探讨高校专业教育与创新创业教育如何更有效地融合，也有利于其他高校基于实际情况进行参考，推进创新创业教育融入专业教育，优化融合进程。

第二章 高校专创融合教育研究现状与问题分析

2018 年，《关于推动创新创业高质量发展打造"双创"升级版的意见》中进一步指出，创新创业教育是高校提升和发展的一项战略任务。然而，目前很多高校仅将创新创业教育视为针对少数具有创新意愿的学生开展的教育，没有将其融入专业课教学的过程当中，学生的创新创业意识并不强。通过对高校专业教育与创新创业教育的融合现状进行研究，分析其中出现的问题，总结问题症结，以期为发现高校专创融合教育潜能，培养具有"双创"意识和双创能力的复合型高素质人才奠定基础。

2.1 高校专创融合教育现状

2.1.1 教师对专创融合教育的认知现状

近年来，国家出台了一系列的创新创业政策文件，为高校毕业生提供了较好的创新创业政策支持，一些高校积极响应，或建成了一批大学生创新创业基地、创新创业孵化器等创新创业平台，或通过创建创新创业学院、开设创新创业类课程、在专业教育过程中融入创新创业教育，鼓励师生参与大学生创新创业比赛等方式，在一定程度上促进了创新创业教育的发展，但与国外一些高校相比仍有很大的差距，其中一个比较关键的问题是高校教师创新创业意识淡薄、没有创新创业实战经历，不能将专业教育与创新创业教育较好地融合在一起。总体来看，专创融合教育师资队伍质量整体不高，教师教学能力无法满足双创教育所提出的要求。

1. 对专创融合教育的真正内涵认识不清

大多数高校教师认为创新创业教育是针对一小部分想创业的学生开设的课程，认为创新就是发明一些高科技产品，创业就是自己出去开公司，从而忽视了专创融合教育的本质是培养学生正确的价值观和培养创新的思维能力。

现阶段大部分高校的创新创业教师由专业教师兼任，这些教师从小接受传统教育、应试教育，很少参与双创实践项目，自身没有创新创业意识和能力，不能理解创新创业课程的本质，很难在专业教育中融入创新创业教育，学生的创新思维很难被激发。其他专业教师认为创新创业课程是由创新创业导师负责的，与自己的专业课程没有关系，所以在教学过程中没有引入创新创业元素，造成专业课程与创新创业课程相互脱节，很难培养学生的创新思维能力。

2. 在教学内容上较为死板，无法结合新时代发展实情

目前，各行业都呈快速发展趋势，新技术、新工艺、新流程日新月异，高校专业教师大部分都是来自于国内外各大高校，有的刚进入工作岗位忙于积累授课经验，有的忙于应付各种教学检查、积累评职称材料等事项，都很少主动关注专业最新发展，缺乏行业最新知识，授课内容也较为传统，没有引入行业最新动态。

另外，高校所聘请的创新创业导师，有的是校外专家学者，有的是企业成功人士、杰出校友，虽然具有丰富的实践经验，但是他们的指导往往是方向性的、概念化的，加之授课的时间有限，往往就是一场报告会，缺乏与学生专业的融合。专业授课教师很少有机会跟外聘创新创业导师合作学习，在专业教育中不能开发紧跟行业发展、融入双创元素的教材或学材，教学内容滞后于行业的发展。

3. 自身教学与科研不能协调发展

目前，高校教师现状是部分教师重教学轻科研，部分教师重科研轻教学，能够做到教学与科研并重、协调发展的不多。部分刚入职的年轻教师认为自己缺乏教学经验，做科研做课题太过于浪费时间，加之学校层面的教学管理部门、教学督导等各种检查迫使年轻教师倾力于教学的钻研，尝试各种新式教学方法，提升讲课方面的能力。但是，缺乏科研会导致授课内容仅限于已有的课本，脱离了行业的发展，不能较好地融合创新知识，各种所谓的教学互动流于表面形式，不能带来真正意义上的创新。

还有部分教师在研究生学习期间掌握了科研技巧，教师的职称评审对科研又有要求，所以将大部分精力放在科研上，在教学工作中只是采用传统教学方法完成基本要求，没有对新型教学模式进行探索或尝试，更谈不上教学中创新创业元素的融入，导致教学效果不佳。现阶段高校教师的教学与科研不能协调发展也是影响创新创业背景下教学能力提升的因素。

4. 在教育过程中，实践与专业脱轨

当前，一些高校在实施创新创业教育的过程中，无论在课程设置、教学方式还是实践活动环节，都不同程度地出现了与专业教育相脱离的状况。

一是高校专业课程和创新创业课程存在"两张皮"现象。在国家和政府部门的政策引领下，大部分高校开设了创新创业类课程，并将其纳入学分管理。但部分专业课程依然维持现状，或者在原有专业课程基础上稍作扩展，并未真正体现出创新创业的理念与精神。

二是高校创新创业教学方式未能引发专业教学方式的实质性变革。由于不少高校专业教师在教学过程中对创新创业教育理念的认识存在局限性，导致创新创业教育未能引发并带动专业教育的变革。

2.1.2 大学生对专创融合教育的认知现状

专创融合教育是培养新型专业创新人才的重要路径。专创融合教育的教学模式构建应

以学生为中心，课程内容的设计需从学生的实际情况和需求出发。

　　为了了解当前高校大学生对专业教育、创新创业教育以及专创融合教育的认知情况，编者在查阅文献资料的基础上，于 2022 年 11 月，与本课题组成员组织了一次面向某高校学生和部分授课教师的抽样问卷调查，主要调查内容为对学生创新创业教育的现状，学生对专创融合教育的认知，学生对专创融合教育教学模式的接受度，学生对专创融合教育的学习需求四个方面。调查共发放问卷 1200 份，回收 1160 份，确定有效问卷 1135 份，有效率为 94.6%。全部资料经审查无误后，利用相关统计软件对数据进行了整理分析。

　　通过研究发现：当前学生接受创新创业教育的程度大幅增加，学生对创新创业教育、专业教育、就业三者之间的关系有较为正确和客观的认知，学生对实施专创融合教育教学模式有很高的接受度，学生期待专创融合教育教学模式中能够增加案例教学、创新创业项目训练、师生互动、角色扮演、专题讲座、组织竞赛等环节，学生希望在专业课程中融入更多的行业专业的实际创业案例、企业管理知识、学术前沿动态等内容。

　　但不容乐观的是，多数学生对于创新创业教育的理解停留在以各类创业培训活动为目的的浅层层面，还有学生认为创新创业教育只是就业教育的一部分，也是可以脱离专业教育展开的。

　　此外，多数学生认为，创新创业教育的对象应是有创业想法的人，没有创业想法的同学可以不学习创业知识，这些错误的观念也影响了学生对创新创业教育活动的主动参与，影响了专业教育和创新创业教育的有效融合。

1. 学生对专创融合教育的认知

　　大学生是课堂的主体，为提高学生参加课堂活动的积极性，需要让学生了解和认识课堂教学改革的目的和意义。由图 2-1 可知，不同的学生对于专业教育和创新创业教育关系的理解和认识存在较大的差别，只有 2.36% 的学生认为自己非常了解并期待参与专创融合教育；19.31% 的学生认为自己比较了解，仍需要加强相关学习，强化双创能力；68.66% 的学生表示自己对于专业教育和创新创业教育融合了解过一些，但还不熟悉；9.67% 的学生认为自己完全不了解。

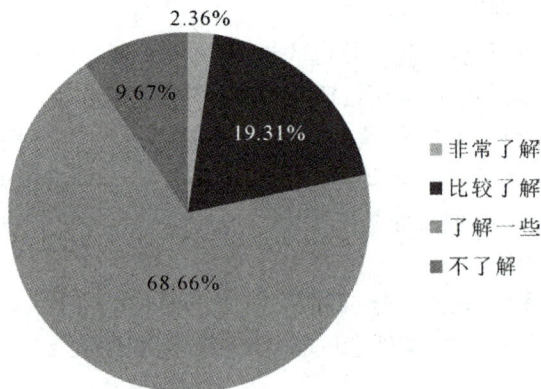

图 2-1　大学生对专创融合教育的认知情况

　　从调查结果可知，近 80% 的学生对专创融合教育仍比较茫然，没有形成清晰和明确的认识，这就需要高校对专业教育和创新创业教育的内涵、目的、意义进行一次系统的梳理，通过开展相关课程、讲座等活动，让学生对专业教育、创新创业教育、专创融合教育有正确的认识和理解，只有这样学生才更容易理解和接受将要进行的"专创融合教育"的各项教学活动。

图 2-2 所示为学生对专业教育、创新创业教育之间关系的理解的调查情况。从图中可以看出，学生对专业教育和创新创业教育之间关系的理解认知是相似的。90.12% 的学生认为创新创业教育主要是培养学生的创新思维和创业精神，专业教育应该与创新创业教育相辅相成，促进就业创业。5.64% 的学生认为创新创业教育主要是为了指导学生开创公司，培养创业精神；3.21% 的学生认为创新创业教育可以脱离专业教育单独开展；1.03 % 的学生认为创新创业教育仅是就业教育的一个组成部分。

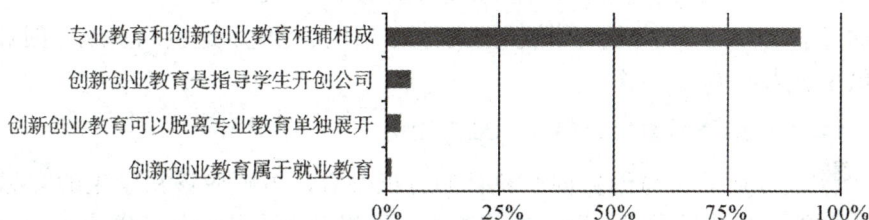

图 2-2　大学生对专业教育和创新创业教育之间关系的理解

由此可知大多数学生对创新创业教育有较为正确和客观的认知，但仍有少部分学生对其存在片面的认识，需要进一步加强对专创融合教育的理解。

2. 学生对"专创融合"教学模式的学习需求

学生接受度是衡量课堂教学改革实效性的关键，厘清学生接受度的内涵，做好学生接受度的评价，具有重要意义。图 2-3 是学生对于在专业课程学习中融入创新创业教育的必要性的数据统计。大部分学生认为在专业课程学习中融入创新创业元素是有必要的，其占比具体为 93.66%，其中 51.23% 的学生认为非常有必要，42.43% 的学生认为比较有必要。其余还有 4.11%、2.23% 的学生分别认为没有必要或者无所谓。说明大部分学生还是渴望参与到专创融合的课程学习中来的。

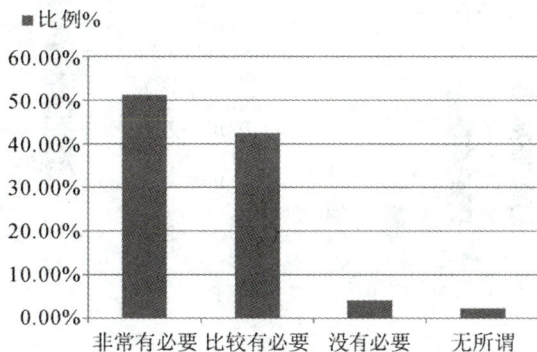

图 2-3　专业教育中加入创新创业教育的必要性

图 2-4 是对大学生创新创业教育是否应该与专业课程教育相互融合的调查数据，80.17% 的学生选择非常有必要，12.35% 认为比较有必要，3.21% 认为没有必要，4.27% 觉得无所谓。

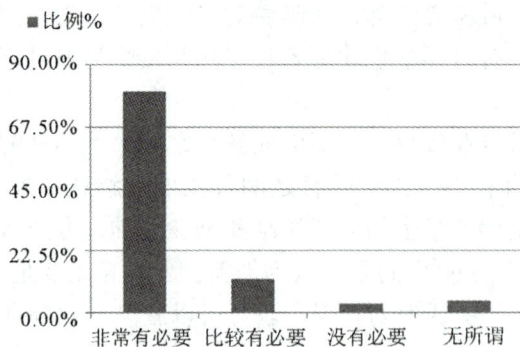

图 2-4　创新创业教育是否应该与专业课程教育相互融合

由此来看，学生对于专创融合教学模式有较高的接受度，这也为实施专创融合课堂教学改革提供了有力保障。

3. 学生对专创融合教育教学模式的学习需求

为有效实现专业教育与创新创业教育的有机融合，教师应该从学生的实际需求出发建立合理的专创融合教学模式。因此在调查中，以提升学生就业创业能力为导向，从受众出发，还设置了学生对于自身能力提升的需求的调查问题。由图 2-5 可以看出，学生认为当前所急需提高的能力需求，由高到低排在前五位的依次是专业技能 (78.55%)、创新能力 (70.16%)、实践能力 (66.35%)、发现和解决问题的能力 (54.22%)、团队协作能力 (51.28%)。其余还有 15.37%、11.54% 的学生认为自主学习能力、抗压能力也比较有必要。

开展专创融合教育应以何种形式开展，才能更有利于学生接受和吸收，从问卷中可知 (见图 2-6)，76.31% 的学生选择案例教学，66.87% 的学生选择创新创业模拟实训，56.96% 的学生选择社会调研，53.71% 的学生选择科研实践，45.32% 的学生选择专业课程项目，33.85% 的学生选择课堂理论教学。

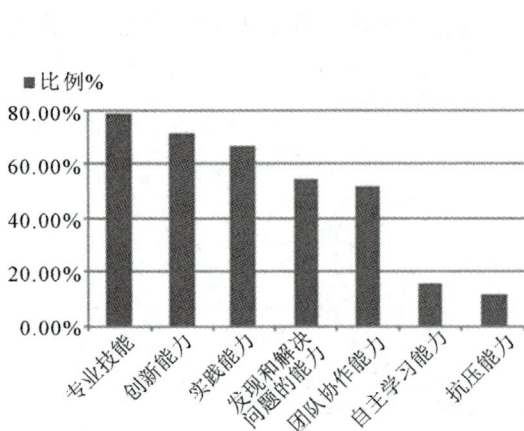

图 2-5　大学生认为当前所急需提高的能力

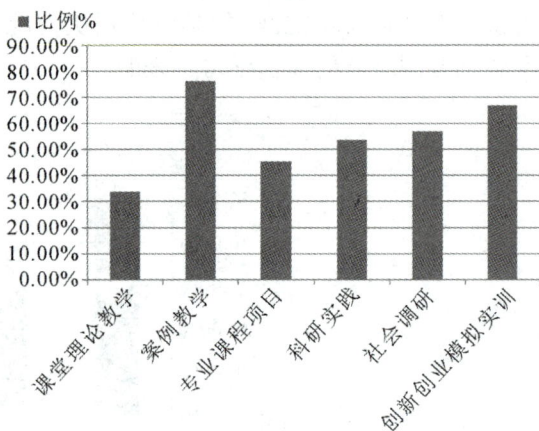

图 2-6　大学生心目中的创新创业教育形式

为了了解学生对课堂中融入创新元素的方式的喜好，编者对学生所期待的课堂教学活动进行了调查。由图 2-7 可知，学生接受度最高的方式是案例教学 (81.65%)。其他提及的教学方式和其比例分别是：角色扮演 (60.18%)、项目训练 (59.88%)、师生互动 (56.41%)、

组织竞赛 (46.53%)、专题讲座 (37.57%)，仅有 16.15% 的学生对传统教学方式比较认同。

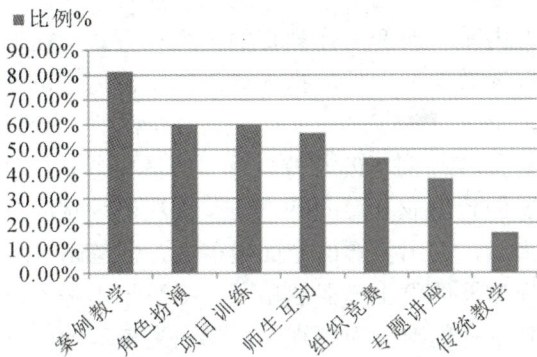

图 2-7　大学生所期待在专业课课堂中融入的创新创业元素

从此次调查的主要问题分析结果来看，学生对于专创融合教育有一定的接受度和认可度，他们对于专创融合教育还是容易接纳的。

本着"以学生为中心"的原则，高校在构建专创融合教育教学模式时，可以从学生接受的创新创业教育的现状、对创新创业教育的认知，"专创融合"的接受度和需求的实际出发，重点从以下方面进行考虑：

(1) 在开始实施专创融合教育前，对创新创业教育的内涵、目的、意义进行系统梳理，让学生有一个基本的、正确的认识和理解，使学生更容易理解和接受专创融合教育的各项教学活动。

(2) 在课程目标设置方面，教师应该更注重提升学生参与创新创业实践活动的兴趣，进一步提升学生参与创新实践活动的积极性。

(3) 教师在构建专创融合教育教学模式时，需要对课程的内容进行优化调整，有意识地增加实践内容，密切关注本专业行业企业的发展动态，加大案例教学的比例。课堂教学活动中，多开展一些能提升学生主观能动性和学习兴趣的活动，尽量减少传统授课模式。有必要根据课程内容增设创新模拟训练环节，如增设产品调研、功能扩展、创业计划书编写、创业训练营等。

2.1.3　专业教育与创新创业教育的融合分析

2017 年，教育部《关于做好 2018 届全国普通高等学校毕业生就业创业工作的通知》等一系列国家文件都明确提出了"创新创业教育要面向全体，融入人才培养全过程""根据人才培养定位和创新创业教育目标要求，促进专业教育与创新创业教育有机融合""促进专业教育与创新创业教育有机融合，将创新创业教育贯穿人才培养全过程"。

与专业教育融合也是美国考夫曼基金会所推崇的推进创新创业教育的最佳途径。可见，加强专业教育和创新创业教育的融合不仅是国内推进创新创业教育工作的重要指导原则，也是国际上创新创业教育实践采取的重要方式。

我国在实践探索中，主要形成了"嵌入式"和"广谱式"两种具有代表性的融合模式。

嵌入式的融合模式是通过课程设计，在专业教育中嵌入基本的创新创业知识，以创新创业精神的培养为重点，或将创新创业的相关内容渗透到教学之中，在日常学习中提升学生基本的创新思维，这是在发展初期高校实施创新创业教育的主要思路和方法。但在实际运行中，创新创业教育的深入发展遇到巨大的挑战，往往难以取得合法性地位，使得创新创业教育容易处于边缘化地位。因为各学科专业在长期发展中，已经形成了较为成熟的教学范式，且专业教师短期内难以改变专业教育的内容和方式，在原有框架上加入创新创业教育内容，通常只是表现为教学大纲里的指导计划和安排，难以在日常专业教学中成为实际的行动。

广谱式创新创业教育是我国创新创业教育发展的重要方向。"广谱"包含"广义"和"普及"两层含义。随着开展创新创业教育的呼声日益高涨，为响应国家号召，一些高校虽然高举创新创业教育改革大旗，突出教育的全面覆盖性，但忽略了各学科专业的特殊性。他们或是重视创新创业兴趣浓厚的学生，但忽略了大多数学生基本意识和思维的培养；或是支持学生在校期间的创新创业需求，而忽视了对学生离校后的持续关注和支持。而广谱式强调创新创业教育面向所有专业和所有学生，不仅要满足大部分的主要需求，而且也不忽视小部分的特殊要求；一方面进行整体上的统筹规划，另一方面也要具体到不同对象、不同层次和不同阶段的计划安排。

专业教育与创新创业教育的融合不是一蹴而就的，创新创业意识是在长期学习和实践中养成的。因此，广谱式的融合强调分阶段分层次的人才培养计划。

首先，要明确教育对象为全体学生，要向所有学生开展"通识型"的启蒙教育，先引导学生形成正确的创新观念和意识。

其次，在学生具有基本的创新意识和创业知识结构的基础上，根据学科专业的特点，帮助学生掌握专业性的创新创业知识和技能。而对于有明确创业想法和意愿的学生，要鼓励其发挥特长，通过开设创业班、创业实训等，创造真实的市场环境和机会，提升学生解决实际问题的能力。

最后，还要对在校创业学生或毕业进行创业的学生进行"继续教育"，在企业初创期及时提供帮扶并给予持续关注，并根据创业者的需求反馈，不断完善创新创业教育体系。广谱式的创新创业教育否定了教学生创办企业当老板的功利性，也避免了将创新创业教育泛化为一般素质教育的价值取向，是我国高校当前可广泛采纳的重要教育思想，也是专业教育和创新创业教育有效融合的重要途径。

2.2　高校专创融合教育存在的问题与问题分析

当前，一些高校在实施创新创业教育的过程中，无论在课程设置、教学方式还是实践活动环节，都不同程度地出现了与专业教育相脱离的状况。专创融合难，问题出在哪儿？

2.2.1　专创融合教育存在的问题

高校在实施专创融合教育过程中存在的问题主要有六个方面：学生创新创业意识缺失、课程建设融合情况不佳、师资队伍结构不均衡、实践平台实施效果不良、课程体系建设不完善和评价体系不明确，具体如图 2-8 所示。

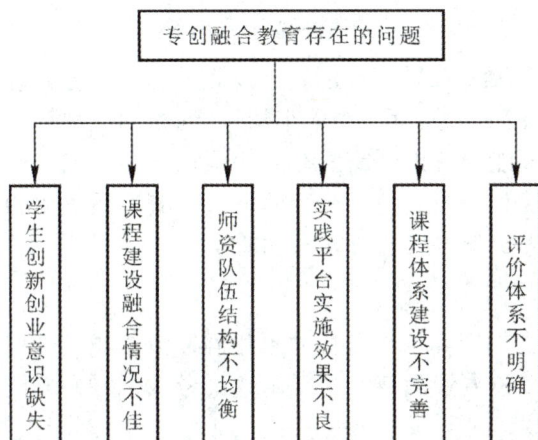

图 2-8　大学生专创融合教育存在的问题

1. 学生创新创业意识缺失

通过调查，高校在开展创新创业教育方面已经取得了一定的进展，但不少学生仍然对创新创业的了解不够深入，对于创新创业教育的学习积极性也比较低，甚至有三分之一的学生不能准确判断自己是否接受过创新创业教育。在二者关系的认知中，不足 50% 的学生认为，对于在专业课中涉及到的创新创业知识，同学们的积极性并不高，仍然没有认识到创新创业教育对于在学校开展专业教育学习的重要性，学生参与创新创业相关活动的主动性也有待提高。

目前，高校的创新创业教育正在逐步深入，对学生积极参与创新创业类活动起到了积极的推动作用。然而，目前学生对创新创业教育的认知还停留在被动的阶段，对其理解也很肤浅，并没有将其与专业教育并驾齐驱，对二者的融合还缺乏足够的了解和主观愿望。如果学生不能正确地理解创新创业与专业教育之间的关系，势必会影响到其在专业教育中的实施。

2. 课程建设融合情况不佳

1) 课程内容融合度低，缺乏教材支撑

专业教育与创新创业教育分属不同的教育类型。在教学过程中，专业教育一般需要在系统规范的教室中进行教学，强调其专业性；而创新创业教育一般突出创新意识、创新思维的培养，针对创新技能、创新案例等理论知识进行讲授，与专业教育缺乏互通性；二者对于人才培养的目标并不一致，所以一直将二者区分来看待。而且，高校内使用的专业课教材内容多是针对某一项专业实践技能进行编制，强调真实性，缺乏创造性，更新速度较慢，不能及时反映行业一线技术和发展动态。创新创业类课程的教材内容又以启发创新意识、培养创新思维为主，不符合专业教育强调技能型人才培养的目标。同时，高校通常根据专业教育的人才培养模式，有针对性地对专业技能标准来选材，缺乏与创新创业教育相结合的教材。这样就造成授课缺少课程实践的载体，给教师实际授课教学带来困难，使得没有接受过创新创业教育培训的专业课教师无法将这些理念融入进自己的课堂，而接受过相关培训的教师也很难将创新创业知识融入专业教育的内涵。因此，蕴含创新创业知识的

专业课教材是促进二者融合的基础保障。

2) 教学方式差异性强，缺乏多元化教学

据调查，各个高校开展专业教育和创新创业教育的教学方式存在较大差异。专业教育突出实践技能的训练，强调"进工厂""入车间"，创新创业教育则倾向于理论教学，通过案例启发思维。专业教师能够意识到需要在专业课教学中融入行业一线案例等内容，但教学方式还是多采用讲授法和小组讨论相结合的形式，缺乏系统化的、跨越学科界限的多元化教学方式，还需要加强教学方式的研究与创新。

3) 考核评价方式比较死板

不同教育类型对学生的人才培养目标并不相同，应该通过课程考核发现学生学习过程中存在的问题。但目前高校专业教育大多采用理论考试、PPT汇报、课堂表现和课后作业完成度等常规的考核方式，创新创业课程多采用理论考试、创新创业案例综述等进行考核，没有针对学生的创新创业能力进行具体考核，呈现的学习效果不够明显，教师也无法判断创新创业教育的优劣，创新创业教育的优越性无法体现，影响学生对于思维和意识的启发和培养。

3. 师资队伍结构不均衡

1) 专创融合教育教师占比小

由于专业教育与创新创业教育对人才的培养目标不同，所以对教师的综合素质也有不同的要求。但目前校内多由专业教师兼职承担创新创业教育教学任务，其对创新创业教育课程内容了解程度较浅薄，不能体现其优势性，课程教学倾向于照本宣科，限制学生创新思维和创新能力的发展。学校专职承担创新创业教育教学任务的教师数量很少，受工作安排和课程安排的影响，实践教学比较少，其教学经验不够丰富，在授课时对于课程内容的把握能力有所欠缺，对创新创业相关活动的指导尚未获得极佳效果。校外有企业专业员工入校教学，但其教学能力相对薄弱，限制学生的学习效果。建立创新创业教育与专业教育融合的教师队伍成为当前专创融合的限制因素。

2) 教师接受创新创业培训情况不佳

随着社会对于高校教育的关注度越来越高，专业教师在教学过程中承担更大的压力，必须在有限的时间和精力里努力做好本职工作，所以很多教师通常延续原有的教学习惯进行教学，不会主动琢磨和调整教学方式，也很少主动参加创新创业相关培训和活动。很多学校未成立专门的创新创业二级学院，专职创新创业教育的教师数量很少，多数情况下专业教师要承担创新创业活动的组织和安排，很少能亲自参加相关培训。同时，教师参加创新创业培训和活动的完成度较低，许多只是为完成学校安排的工作，追求提升自身创新创业教学能力教师的数量较少。企业"双师型"教师入校，拥有前沿的专业技术但缺乏教育能力和教学经验，不能起到启发学生思维的作用。

3) 教师自身实力有待提高

高校倡导组建"双师型"教师队伍，但就当前高校的教师队伍素质来说，其个人能力和综合素质水平参差，兼具专业教学能力和创新创业能力的教师不多，专业教师在授课时强调专业教学的理论性和系统性，在实践教学中强调准确性和实践性，但对于在真实环境下，处理问题的创新能力和应急反应能力比较弱，对学生的启发性较弱，学生难以掌握能够应对就业压力的专业能力和创新创业能力知识。因此，组建拥有较强个人能力、满足"专创"融合的教师队伍是促进二者融合的关键环节。

4. 实践平台实施效果不良

专业教育注重理论知识与实践技能的有机结合，而创新创业教育则注重创新思维、实践创新和运用，实践活动是教学活动的重要组成部分，通过实践活动，学生能够掌握理论和实际操作的能力并且做到融会贯通，提升个人能力素养。但是就目前来看，高校校内实践平台的开展情况并不好，学校或二级学院虽然开设了专业性社团或创新性社团，但实际开展情况并不理想，学生的实际参与度比较低，使得实践活动的开展效果比较差，校内资源使用率不高。虽然校外实践基地的学生参与度相比较高，但由于企业为了保证企业的正常运营，提供实践的岗位与学生的专业相关度较低，学生的兴趣与积极性会受到影响，仅仅是为了完成学校安排的任务而已。

5. 课程体系建设不完善

有的高校不重视创新创业教育，没有开设单独的创新创业课程，对创新创业只是做简单的阐述，更别提课程体系建设了。一些高校即使开设了创新创业方面的课程，但是质量普遍不高，课程内容脱离实际并且缺乏动手实践的内容，还停留在纸上谈兵的状态。因此，推动专创融合教育，必须把成果落实到课程建设上。在以智能化为特征的信息时代，创新创业教育如何反映科技发展，专业课程如何体现学科前沿，通过何种教学手段来激发学生的创新意识，都是广大教师要解决的问题。发展专业教育与创新创业教育，以课程为基础的第一课堂固然重要，但创新创业本身还具有极强的实践性，有着与科技发展密不可分的联系，这些都对实践教学提出了更高的要求。因此，对各种专业教育与创新创业教育资源的整合就显得尤为重要，也是各高校所欠缺的。

6. 评价体系不明确

专业教育与创新创业教育要得到发展，必须有适合自己的一套评价体系，用来对各种教学活动、教学过程和教学效果进行综合评价。该指标体系必须反映经济社会对高水平创新人才的根本要求，也要反映科技发展的新形势和新变化，这样才能为专创融合教育的升级发展指明方向。因此，如何设计专创融合教育评价体系也是教师必须思考的问题。

2.2.2 专创融合教育问题分析

针对高校在实施专创融合教育过程中存在的六个问题，编者从国家政策、教学理念、师资队伍建设、课程建设、考核评价方式和实践平台等方面提出了相关的解决方法。

1. 落实国家政策，修正培养目标

近几年国家出台了大量的政策文件来推动创新创业教育的向前发展，针对高校也提出了具体要求，地方各级政府也针对地区实际情况出台了实施办法，但很多政策没有落到实处，影响创新创业教育的深入开展。企业和学校受到社会现实情况的影响，在具体实施过程中遇到很多问题，导致政策难以成功推行下去，学生不能得到政策带来的实惠。同时，政府和学校对于创新创业政策的宣传力度不够，学生也很少有机会去主动关注，导致学生

根本不了解相关政策，不清楚国家对此给予了极大的政策扶持和资金支持，学生的主动性也很难被唤醒。企业和学校对于政府出台的政策执行力度不够，在校企合作的过程中也不能坦诚相待，实施产教融合的形式也相对单一，学校不能从中获得技术支持，企业也无法从中获利，无法真正实现合作融合。所以，严格落实政策文件中的具体举措是提高校企合作力度的必要保障。

以电子信息类专业为例，该类专业属于就业指向型专业，大部分学生毕业后主要面向电路设计、信息处理和产品开发方面的工作，因此高校更加注重技能方面的培养。尤其是在地方院校中，通常根据自身定位以培养技能实践型人才为主要目标。基于这一定位，教师在授课时会注重理论与实践相结合，但主要是在技能方面的实践。一般情况下，电子信息类专业培养的人才具有较强的理论和实践能力。但由于就业需求量大，过于强调技能要求，反而冲淡了对学生创新意识和创新能力的培养过程。要解决这一问题，首先要从培养人才的目标上进行修正。把电子信息类专业人才培养的目标从就业指向型向复合人才型转变。通过贯穿人才培养全过程的创新创业教育，培养学生创新意识，提高学生的创新能力。

2. 创新教学理念，提升创新意识

高校开展专业教育的过程中，不可忽视创新能力对技术革新的重要性，必须以培养高素质的劳动者和技术技能人员为目标，以培养学生的实践能力为基础，以提高学生素质为准则。要特别重视教学过程中的实践环节，坚持把教育实践放在首要位置。但延续技术的应用不能带来社会的进步，唯有创新才能推动技术的革新与发展。只有在实践环节中融入创新知识内涵，才能唤起学生对于创新创业的重视，从思想上帮助学生提高创新意识和创新思维，进而提升创新能力。在现有的教学过程中，学校和企业为学生提供的实践机会数量不够充足，学生实际参与此类活动的机会较少，不能满足创新创业教育与专业教育融合的需要。而且学生接受的创新创业课程多是学校开设的必修课或选修课，还包括一些创新创业培训和参加创新创业比赛的指导，与专业教育的融合程度很低，没有达到很高的重视程度。

高校学生在高中阶段的学习过程中多是接受应试教育，习惯于被动接受教师教学的知识，缺乏主动学习的积极性，创新意识较低。进入大学后，学生通过必修课或选修课接受创新创业相关知识，认真完成课程学习及课程作业，期望期末获得好的成绩能够得到足够的学分。可通过引导学生参加创新创业活动和培训，提高创新创业教育的实际参与度。另外，只有努力提升学生的创新意识，引导学生在学习过程中追求创新，制定更高的学习目标和要求，学习创新创业知识，利用课外时间去学习相关的专业知识，将创新创业融入自己的专业中，才能实现专业创新。

3. 提高企业参与度，加快师资队伍建设

高校提倡建立"双师型"教师队伍，这不仅要求教师具有很强的教学能力，还要有不错的专业实践能力，但开展创新创业教育还需要教师能够在教学中启发学生的思维意识，要求教师在拥有扎实的专业基础之外，还要有敏锐的创新意识和丰富的创新经验。目前很多的专业教师都是按照教材内容进行教学，偶尔加入一些行业趋势和前沿技术内容，常忽略应用技术的发展性，仅仅是为了完成教材中的教学内容而进行教学，忽略了学生创新意识的培养。同时，专业教育均以专业技术技能的培养为主，更加注重专业知识的教学，缺

少针对学生创新意识和创新思维的引导过程，不能有效激发学生的创新能力。而学校内的创新创业教育专职教师大多是通过岗位调动变为双创专职教师的，只是零星接受过创新创业相关知识的学习和培训，并未接受过系统的创新创业知识学习和培训，对创新创业教育的实质并不了解，无法实现真正的创新创业教育，同时缺乏相关的创新性的实践训练，在教学过程中也是照着教材介绍理论知识，很难真正地进行创新指导和思维启发。

企业作为高校与社会之间的纽带和桥梁，是提升学校教学质量的重要主体。企业应该积极参与到高校专创融合教育的各个环节中，为教师和学生提供适合的实践学习机会和充足的实践学习岗位，帮助高校选择更加契合人才培养目标的课程内容，改良专业教育教学方式，增加针对实践能力的考核，也能帮助高校营造良好的创新创业氛围。事实上，人才是行业发展的根本保证，优秀的员工可以为公司创造更多的价值。但培养企业需要的优秀人才需要较大的时间成本和经济成本，企业应该调整观念，积极参与到高校的人才培养过程中，利用学生在校的时间协助学校提高人才培养质量，为学生在毕业后真正成为企业所需要的人才提供技术支持。

但根据当前校企合作的现状来看，企业出于自身加速发展的角度，追求更大的经济效益，把工作重心放在企业的运营和发展上，较少参与学校的各个教学环节，从而缺席了高校院校的人才培养。同时，部分企业认为高校院校的学生技能水平较低，不满足当前企业发展所需要的人才标准，对高校院校的认可度较低，所以不愿意参与到高校院校的教学进程中。还有一些企业只期望与985、211等知名高校合作，希望能够为企业自身带来益处，合作也仅限于提供实践场地或一定的资金支持，极大程度地保护自身利益，在教师和学生进入企业参加实习实训时，不愿意将最前沿的技术技能展示给教师和学生，仅提供基础的技术演示，使得校企合作的进程愈发缓慢，降低了校企合作的培养质量，不利于学生专业技能的发展和创新能力的培养，也不利于高校"双师型"教师的培养和高素质教师队伍的建设。因此，要在全社会范围内积极营造校企合作、创新实践的良好氛围，邀请企业积极参与到高校院校的专业教育与创新创业教育的融合发展进程中。

4. 优化创新创业教育课程，推进教研相结合

为了积极响应创新创业教育改革的号召，多数学校通过成立创新创业学院、开展第二课堂等形式开展创新创业教育。此种模式下，创新创业课程主要由学生工作部门负责，创新创业课程的老师多来源于学工部门。学工部门开设的创新创业课程一般面向全校，主要讲授创新创业的基本技能，缺乏与专业教育的结合。这导致部分学生认为其与本专业无关，把此类课程视为"水课"。这就违背了创新创业教育的初衷，削弱了创新创业教育改革的成效。

在专业课程方面，对于一些就业指向型专业，部分教师重现场实践技能传授，轻创新意识培养。在这种情况下，教师对学生主要讲授如何开展技能训练，缺乏当前科学前沿问题的讲述。

在部分传统课程中，教学内容与十年甚至二十年前的内容相差甚微，这说明在新形势下专业教育中的内容未把最新的科研成果融入。而科研是创新能力的集中体现，展示新的科研成果可以营造创新氛围，培养创新意识。教学与科研相结合是将创新创业教育融入专业教育的最佳形式之一。通过项目式教学，在课程内容中加入科研项目，把教学内容和科

研内容相结合，专业教育中的创新创业教育效果才会取得突破。

5．丰富创新创业活动，完善考核评价方式

高校对创新创业教育的考核方式与专业教育没有较大差异，理论考试、PPT 汇报等考核方式不能真实体现学生创新创业能力。学校应积极探索新的考核方式，在保证创新创业教育正常开展的前提下，针对与专业教育融合的内容进行考核，增加综合性的评价标准。学校还应丰富各类创新创业活动，积极组织创新创业活动，将参加创新创业活动及竞赛作为考核评价的一个项目，激励教师和学生积极参加创新创业活动及各级各类竞赛，安排专职教师分组指导学生参加竞赛比赛，补充学生创新创业知识储备，教师引导鼓励学生踊跃创新，提高学生思想积极性，弱化学生为了比赛而比赛的想法，并对积极参加比赛的学生给予一定的奖励，促进学生主动创新思考。

同时，提倡教师参与创新实践活动，带领学生进入企业实习实训或参加创新创业相关活动，引导学生以专业为基础接受创新创业教育，并可以以此作为考核评价的重要指标。

6．加快实践平台建设，发挥引领示范作用

校内大学生创新的主要平台包括国家、省级、校级、院系级四级别的科研平台、实践平台和创新创业类竞赛。各级科研平台和实践平台是开展创新创业教育的最佳手段之一，能够有效培养学生的创新意识、锻炼学生的创新能力。但是部分高校的科研平台主要依托教师进行科研产出，吸纳学生的人数较少，学生不能借助学校的平台优势提升创新创业能力。各级创新创业竞赛是检验高校创新创业教育成果的有效方法，吸引了全国多数高校学生参加。但学校在组织过程中存在"临时搭台"的现象，有比赛时号召学生报名，组建大量队伍，无比赛时解散，学生只顾上课。这种模式就是创新创业教育脱离全过程全方位教育的典型表现。此种模式把创新创业教育从专业教育中剥离出来，甚至导致不参与比赛的同学认定"创新创业教育"是为了参加比赛而进行的教育。例如，电子信息类专业学生创新创业教育的校外平台主要是到企业进行实践，主要为技能实践。在这种情况下，只有学生在学校受到了良好的专业教育和创新创业教育的前提下，才能激励学生发现问题，激活创新热情。此外，从高校和企业之间的关系而言，多是高校派学生到企业参与实践，而企业反向派人到高校实践的少。如果能突破固定模式，建立双向培训模式，则可有效推进专业教育和创新创业教育的融合。

第三章 高校专创融合教育模式研究

在社会转型与经济发展趋势下，如何更有效地培养社会需要的不同类型的创新人才，已然成为中国高校改革与发展过程中面对的重要任务。创新创业教育的多样性、实践性、综合性特征使其成为培养创新人才的有效手段。高校在开展专创融合教育时，应厘清专业教育与创新创业教育之间的关系，借鉴国内外高校开展创新创业教育的成功经验，立足自身办学特色与优势，开展创新创业教育，加强专业教育与创新创业教育的融合，搭建创新创业教育实践平台，逐步形成特色鲜明的专创融合教育体系。

3.1 国内外专创融合教育模式概述

3.1.1 国外专创融合教育模式

在英、美等创新创业教育较为成熟的国家，依托商学院为中心或面向所有学科领域的全校性创新创业教育已经成为一种趋势，各学科在专业教育过程中都大量融入了创新创业教育的理念与实践。

从英、美等国创新创业教育的实践来看，创新创业教育与专业教育之间的融合必须考虑创新创业教育在不同学科领域中的差异性和适用性，这也是专业教育与创新创业教育融合的关键。经过数十年的发展，国外高校专业教育与创新创业教育之间的融合主要有磁石模式、辐射模式、混合模式这三种。

1. 磁石模式

在一些高校的创新创业教育中，一般是由管理学院、商学院、工程学院设计并讲授面向全校学生的创业类课程。任何一个对创业感兴趣的学生都可以选修上述课程，但是创新创业教育的教学与实践场所主要集中在这几个学院中，此种模式被称为磁石模式。例如，较为代表性的高校是麻省理工学院，该校的创新创业教育主要由斯隆管理学院负责实施。

磁石模式的最主要特点就是开放商学院、管理学院的创业类课程，如商业计划书、创业资本运营、全球创业、创业管理等基础知识，并将其传授给对创业感兴趣的学生，这些课程的知识内容大都较为容易，因此可以吸引更多的学生选择创新创业教育。

总之，磁石模式是集中化的教学，资金、学生和所有的教学活动都位于管理学院、商学院或工程学院。在这种情况下，创新创业教育的课程和教学活动都是由这些学院负责，其他学科领域的学生无法享受到充足的创新创业教育资源。

2. 辐射模式

与磁石模式相比，辐射模式则是高度去中心化的，每个项目都有独立性并分散于大学的各个学院，由位于全校各个学院的创新创业教育中心或项目中心进行管理。这些管理机构作为分配资金和对所有参与者发挥协调功能的机构而存在，不同院系都会提供来自其内部的资金来支持教师和学生选择这些创业类课程。

在辐射模式中，创新创业教育是浸润到每一个学科领域中的。这种模式需要不同学科领域的教师都能够理解并支持创新创业教育与专业教育的融合，也愿意进行跨学科领域的教学合作。正因为辐射模式是一种深入全校范围内的创新创业教育与专业教育融合的模式，因此它的时间周期长，需要学校层面投入的资源也更多。

创新创业教育的展开不能仅以商科或管理学科等少数几个应用类学科领域的知识体系为主，创新创业教育只有扎根于不同的学科领域，与这些领域内的知识相互渗透、相互融合，才能够最大限度地达成其愿景。只有当创新创业教育的内容与学生自己的专业领域深度融合时，才能够推动这些学生理解并掌握创业的真谛。这也是辐射模式的根本上的驱动力。

以辐射模式为代表的创新创业教育对于创新创业教育与专业教育之间的融合具有更为长期的影响，它更加面向所有学生，能够满足更多学生的需求。

3. 混合模式

目前，美国很多高校采用的是混合模式，即将磁石模式与辐射模式进行结合。一些大学的创新创业教育采取了分阶段实施的做法，本科阶段的创新创业教育采取混合模式，由各个学院的创新创业教育中心负责实施，但是师资、课程、教学方式都是以商学院和管理学院为主，这样既能发挥这些学院在创新创业教育方面的优势，又能更加有效地将创新创业教育与专业教育进行融合。

当然，上述模式的分类只是体现了不同大学采取的路径，并非创新创业教育与专业教育融合能够成功的关键，而仅仅是不同大学根据自身特色采取的差异性实施策略。

实际上，影响创新创业教育与专业教育融合的其他关键性要素还包括资金支持、基础设施、专业的师资力量、教学理念及其方式、课程开发与实施、创业实践、校友支持等。

3.1.2 国内专创融合教育模式

借鉴国外高校专创融合教育模式，我国高校深化创新创业教育理念，结合学校实际情况，把深化高校创新创业教育改革作为推进高等教育综合改革的突破口，树立先进的创新创业教育理念，把创新创业教育纳入学校教育改革发展过程中，将培养学生的创新精神、创业意识和创新创业能力纳入学校人才培养目标体系，逐渐形成了较为完善的专创融合教育模式。

2015年，卢淑静提出专创融合教育的三个独特运行模式：专业嵌入模式、跨专业联合模式和社会化合作模式。其中，专业嵌入模式是在专业教学体系内根据专业特点增设创新创业类教学内容。这类模式的专创融合教育结合度很高、渗透性很强。其具体形式包括：

(1) 课程渗透。提倡教师在专业课程内部渗透创新创业类知识内容。比如政治学或经济学的课程可以将研究政府政策对创业的影响作为教学内容；文学或历史的课程可以将创业的成功案例或历史人物作为学习内容；心理学或社会学的课程可以分析成功创业的影响要素或进行创业的自我绩效评估等。

(2) 独立授课。在专业培养计划中纳入创新创业形式的专业必修课或专业选修课。课程可以聘请专业教师和企业导师联合授课，根据专业特色开发课程内容。

(3) 模块方向。在增加创新创业类课程的基础上，深入发展创新创业方向的专业模块，向专业学生提供分类教育，引导学有所长或者志趣相投的学生进一步深入学习与实践。

跨专业联合模式，是突破专业边界，针对创新创业教育涵盖的专业技能、管理知识、企业家精神和市场环境认知等知识领域，联合学科或者院校，进行横向联合培养。该模式提倡多级联动，在教学资源配置上更具优势，能够促进教育资源的流动、共享。同时促进院校、学科和专业之间的学术互动、师生交流与项目合作。

社会化合作模式，是高校联合企业、非营利性机构、政府机关等社会单位进行专业创新创业的实战活动。该模式面向真实的市场背景，以项目为驱动，是对创新创业体验和创新创业课程的升级，也是创新创业教育与专业教育相结合的最高层次。

2017 年，李爱民、夏鑫提出"坚持核心框架，抓牢课堂支点，强化实践支点"的专创融合教育模式。"坚持核心框架"主要是统筹协调理论教学课程与实践教学课程的相互促进关系。"狠抓课堂支点"就是在课堂教学中加强专业教育与创新创业教育的相关渗透，主要包含三方面的内容。第一，构建"专业＋创业"教育的课程体系。第二，加强"基础＋特色"相结合的教材建设。第三，强化"创新＋创业＋专业"教育的师资队伍建设。"强化实践支点"就是构建融合专业教育与创新创业教育的高素质人才实践体系。

"坚持核心框架"的教育模式在实践过程中，要以学生所学专业作为依托，挖掘学生在专业知识方面的主动性，运用自身专业优势和专业特点，进行创新创业实践活动，自主创新，自主创业。同时，要依据相近专业按照年级分流，将创新创业教育重点根据年级专业特点进行区分，增加其针对性：一年级学生培养正确的专业观念，逐渐植入创业精神概念；二、三年级学生结合已经获得的专业基础，逐渐参与起步阶段的创新创业的实践项目；对于高年级学生，构筑创新创业平台是重点，努力创造企业孵化器，为学生提供高质量外部条件，以接近实战的形式锻炼其创新创业技能。

2021 年傅田、赵柏森等提出专业教育和创新创业教育的四种融合模式：以理念融合为本的感知性融合模式、以课程融合为根的功能性融合模式、以跨专业融合为点的结构性融合模式、以项目合作融合为体的社会化融合模式。

(1) 以理念融合为本的感知性融合模式。专业教育与创新创业教育深度融合是一种全方位、多维度、深层次的融合。在融合实践进程中，面临的第一种融合模式也是较为浅层次的融合模式即感知性融合，其主要体现在理念融合上。感知性融合模式包含两个层面，分别对应认知层面的理念融合与实践层面的理念融合。首先，感知性融合模式下专业教育与创新创业教育的理念融合。专业教育与创新创业教育既有明显区别又有紧密联系。创新创业是高度复杂、实践性极强的生产活动，如果缺乏深厚的专业积淀，很难成功。实施专业教育的目的是将专业知识和技能最终应用于生产实践，而将专业知识和技能应用于生产实践最重要的方式就是创新创业。

实施专创融合教育，首先要将专业教育理念与创新创业理念相融合，确立在创新创业教育过程中加强专业教育、在专业教育过程中渗透创新创业教育的思想，按照专业教育与创新创业教育高度统一、深度融合的理念制定技术技能人才培养方案。其次，感知性融合模式下政府、高校、企业之间的教育理念融合。基于高等教育人才培养活动的外部性特征，政府、高校、企业在创新创业教育与专业教育融合的过程中都属于受益主体，但由于属性不同，三者在看待和理解高等人才培养的侧重点时有所不同，从而造成三方主体在教育理念上的差异。基于"三螺旋"理论的专业教育与创新创业教育的融合，重点在于政府、高校、企业之间的协同与互动，需要三者统一认识，求同存异。

(2) 以课程融合为根的功能性融合模式。功能性融合是基于政府、高校、企业三方主体功能的交叉重叠特性而构建的专创融合模式。该模式的要点是政府的行政职能、高校的教育与科研职能、企业的市场职能，由特定的载体或路径在融合实践中实现交叉，从而发挥"三螺旋"协同效应，全面提升融合的效率和质量。课程是高校专业教育的基本载体，也是实施创新创业教育的基本要件。"三螺旋"模型下推动专业教育与创新创业教育相融合，课程融合是重要依托。"三螺旋"视角下的专业教育与创新创业教育的功能性融合模式，就是以课程融合为抓手，聚合政府、高校、企业三方主体的人才培养价值取向与教育资源，打造出专业教育与创新创业教育相互渗透、深度融合的课程体系，依托课程促进"三螺旋"结构的有效运作和功能发挥。政府、高校、企业应联合开发课程融合体系。其中，教育主管部门承担国家创新创业政策、财税政策、法律法规等创业意识和创业知识普及性课程的开发任务；高校承担创新创业系统理论、专业教育类课程的开发任务；企业承担与创新创业直接相关的实践性课程的开发任务，由此构成"意识培养 + 知识普及 + 体验实践"三位一体的课程体系。

(3) 以跨专业融合为点的结构性融合模式。结构性融合是指依据"三螺旋"理论，基于创新创业活动内在的实践结构特性而构建的专业教育与创新创业教育融合模式。创新创业是高度复杂的生产活动，其发生和发展往往遵循实践规律、生产规律和市场规律，而教育规律、人才培养规律却没有如此高的契合度。正因如此，创新创业活动所需要的知识和技能不会按照教育体制内学科划分、课程分置的方式来呈现，而是以多学科知识和技能交叉融会、相互渗透的方式来呈现，这对创新创业者专业知识和技能掌握的宽度和深度要求都很高。从创新创业活动的实践结构特性出发，创新创业教育与专业教育的融合应立足于"三螺旋"结构，走跨专业融合之路。"三螺旋"理论表明，在区域创新活动中，政府、高校、企业是不可分割、相互联系的整体，缺失了任何一方，创新活动都难以正常开展。创新创业教育作为区域创新活动的重要组成部分，也离不开政府、高校、企业三方主体的协同联动。因此，在结构性融合模式中，不仅高校要承担主体责任，政府和企业同样要发挥出应有的作用。

(4) 以项目合作融合为体的社会化融合模式。专业教育与创新创业教育的社会化融合模式，是基于高等教育的社会化办学特征构建的模式。高等教育的社会化办学特征突出表现为校企合作，专业教育与创新创业教育完全可以嵌入校企合作，依托各类校企合作项目来进行融合。在社会化融合模式中，高校联合企业，按照市场化原则开发创新创业项目，由政府提供政策支持和公共服务，学校提供智力资源和技术资源，企业提供市场信息、生产场地以及人力资源，三方主体共同围绕创新创业项目展开合作。在项目启动和运作过程中，高校学生以学徒身份参与进来，全面观摩、学习甚至介入营利性创新创业项目的发起、论证、决策、实施、验收过程，在实践锻炼中培养创新创业能力。政府相关部门可以通过入校举办讲座的形式，为大学生普及国家政策、法律法规、公共服务等方面的知识，使其充分了解当前国家关于创新创业的扶持政策和规章制度，扩大学生的知识面。高校在为创新创业项目提供资金和技术支持的过程中，要注意结合专业教育与创新创业教育的内容，对学生进行教育引导，使其明确创新创业知识、专业知识如何应用于创新创业实践。企业在经营运作创新创业项目的过程中，应为学生配备导师，在项目实施过程中启发和教导学生如何解决创新创业实际问题。

2022 年，刘彦龙提出基于 AI 代入的专创融合教育模式。基于 AI 代入的专创融合教育模式，实质上是把 AI 的功能和教育过程相融合，实现其目标和价值体系，构建独具特色的教育模式。

(1) TAD(Teacher-AI-Date) 教育模式。TAD 教学模式是一项以教师为编辑，AI 人工智能为技术，Date 为支持，学生为核心的教学模式。这种模式利用数据智能将各种显性知识库、包含可数字化的经验等的隐性知识库，以及规模庞大、类型丰富的学习大数据基础或知识基础汇总，以便智能教学系统做出逻辑推理及决策。同时，通过结合日常生活中的经验数据库与以大数据为支撑的机器学习方法，最终智能教学系统可以将更为人性化、个性化的学习方法推荐给学习者，并能做出实时动态调整。在此类场景中，通过对学情分析、动态评估、学情预测以及教与学的优化，得到学习者模型、知识模型以及教学转型策略，从而实现更为科学的个性化学习、个性化诊断、个性化反馈。

(2) 虚拟课堂教育模式。AI 功能中的人机协同的增强智能，是指在人工智能或者机器智能中引入人的认知模型或者人的作用，形成混合增强智能。最为突出的代表就是 VR 技术的应用，即对现实生活中的场景进行仿真，并在构建的虚拟空间中进行场景重塑，学习者可以借助这个虚拟空间来汲取知识，在提高学习效率的同时，也能极大提升学习热情。智能计算芯片技术的发展推动着仿真教学系统及沉浸式学习环境的设计与开发，利于开展基于角色扮演的游戏式教学以及 3D 式观摩学习。学生将会有更多的机会去感知模糊的抽象概念，沉浸式观察微观世界。另外，随着 5G 技术的逐渐成熟，带宽瓶颈已被打破，流媒体、云存储、视频即时传输和人机交互等技术都有了质的飞跃，这也为其提供了扎实的技术基础。我们可以在云端上搭建教学平台，嵌入"AI 教师"和"VR 直播"的入口，构建 VR 课堂教育模式。

(3) 自动测评教育模式。AI 中的跨媒体智能，是指智能系统通过融合文字、音频、影像等所形成的多媒体信息流。随着 AI 技术的发展，跨媒体智能应用信息的关联及深度挖掘、构建知识图谱、演化与推理等方面的技术日臻成熟。跨媒体智能将利用语音识别支持自动化语言学习测评，利用图像及手写本语义识别技术实现协作教学测评自动化；同时，通过对手势及表情识别、眼动跟踪等技术分析智能教学系统并完成情绪感知。跨媒体智能对这些信息的多模态统一数据表征与分析应用，构建出自动测评的教育模式，可以更准确地判定学情，有利于实施以目标为导向的智能驱动模式。

因此，基于 AI 代入的高校专创融合教育，促使课程知识拥有了操控便捷的加工技术和高频互动的生产平台，将延展"边缘地带"，重构课程知识的裁定标准，推动"知识赋权"，优化课程建构中的权力配置，引导"技术增能"，进一步改善课程教学的情景体验。

3.2 教育理念融合

专创融合的教育理念指的是高校专业教育的教学理念与创新创业教育的教学理念相结合，以专业性的理论知识和实践能力为目标，将创新创业教学理念及资源进行整合与挖掘，构建出全新的教学体系，从而培养出具有创新精神与拼搏精神的新时代大学生。在专业教育与人才培养的全过程中，通过课程渗透、案例引导、实践提升和大赛赋能等多种途径培养学生创新创业的意识和实践能力。

3.2.1 教育目标与内容

教育目标是教育方针的具体体现，是人们根据社会发展需要和人的发展需要综合确定的受教育者所要达到的质量规格与要求。专创融合教育目标设计应遵循以下基本原则：

(1) 目标导向原则。目标体系的设计，实际上是将总目标在不同层面进行分解以形成可操作的目标体系的过程。因此，设计目标体系时必须以总目标为导向，即完整而全面地体现创新教育总体目标的规定与要求。在高校实施专创融合教育的过程中，总体目标可确定为培养具有创新精神与创新能力的高级专门人才。在设计创新教育目标体系时，应当根据总体目标，构建适应高等教育需要的教育目标体系。

(2) 教育定位原则。专创融合教育必须结合学生的专业结构特点来确定教育目标体系的结构方案。以培养高素质专门人才为主要任务，应强调创新理念、学科或专业创新能力以及创业精神的培养。注重发展价值，不能急功近利，而要着眼于未来，着眼于创新素质的养成，培养目标可选择创新意识为主体或重点，兼顾专业创新能力的培养。

(3) 以人为本的教育原则。教育要注重受教育者自身发展需要，实施个体性教育。专创融合教育培养目标也应该具有弹性，即在统一要求、统一规格的创新教育培养目标中，也能体现个体发展的目标，体现同一目标下的不同类别和水平要求的差异。创新创业教育应是面向某个学生的个性化教育，而不只是面向全体学生的共性化教育。

综上所示，根据马克思关于人的全面发展学说和我国教育方针关于德智体等全面发展的精神，可以认为专创融合教育的基本目标是使受教育者具有一定的创新知识、创新能力和创新素质，从而构建成知识 (Knowledge)、能力 (Ability)、素质 (Quality) 目标体系 (如图 3-1 所示)。其中，创新知识包含一般创新知识、专业创新知识和相关学科创新知识，创新能力包含一般创新能力和专业创新能力，创新素质包含创新个性与创新风格、创新伦理道德修养，简称创新教育 KAQ 目标体系。

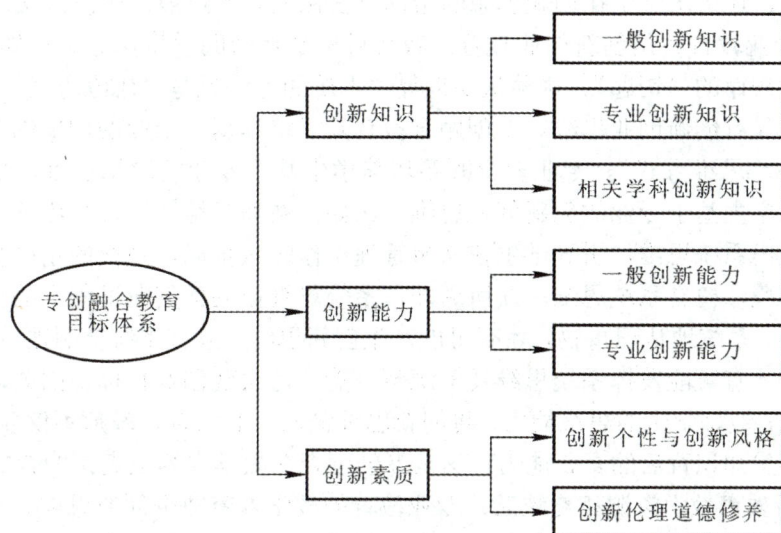

图 3-1　专创融合教育目标体系

　　在专创融合教育活动中，教育内容是系统有效运行的基本要素之一，是连接教育主体与教育客体之间的纽带，也是实施创新教育的核心问题。一般认为，创新教育内容是指满足创新教育价值观和培养目标的知识、技能、价值观念和行为，它往往以创新人才培养计划为基本载体。专创融合教育在选取教育内容之时，应考虑各种需求的协调，以设计出符合创新教育宗旨的教育内容体系。

　　在较为流行的创造学著作或教材中，常常将思维教育、发明教育、发现教育、信息教育、学习教育、科学教育、艺术教育、参与教育、未来教育、个性教育等十个方面作为创造教育的内容，这种设计对专创融合教育内容体系具有一定的参考价值。参考上述专创融合教育目标体系，编者认为专创融合教育的目标内容应该包含知识领域、技能领域以及情感态度和价值观领域三方面，如表 3-1 所示。

表 3-1　专创融合教育目标内容

目标内容	知　识　领　域	技　能　领　域	情感态度和价值观领域
专创融合教育	系统掌握专业理论知识及相关领域的知识；具有创新思维，掌握用专业知识解决实际问题的能力；掌握创业方法知识、学科前沿知识、创业基本理论、创业法律法规及政策等	具有较强的专业实践能力；具有批判性和创造性思维，具有较强的创新创业精神和创业实践能力；掌握创新思维方式，具备解决实际问题的能力；创业资源整合；创业计划书；新企业开办流程与管理等	培养良好的道德品质，树立正确的世界观、人生观和价值观，具有良好的团队协作精神；具有创新精神、创业意识、遵纪守法、诚实守信、坚持不懈、服务国家、服务人民的社会责任感等

3.2.2　创新思维融入专业教育

　　创新思维是以新颖、独创的方法解决问题的思维；创新思维能够突破常规思维的界限，以反常规的方法与视角去思考问题，从而产生具有独创性以及社会主义的思维成果。如何学习，通过怎样的学习才能创造性地解决问题？这不仅需要学生在老师的帮助下主动地进行反思和探索，还要求学生在创新思想的帮助下去探索和实践最佳解决方法。

不论是专业教育还是创新创业教育，教育目标都是帮助学生探寻和认知世界的本质，找到认识事物规律的"钥匙"。这种认识世界的本质的方法就是"思维方式"，思维方式既有专业思维，又有创新创业思维。专创融合教育除了培养基于专业的创新创业能力外，还应培养学生的"思维方式"。专业教育既要培养学生基于专业的逻辑思维、批判性思维方式，又要训练学生基于专业的创新创业思维。比如，教师可结合管理学原理中的管理的整体性原则引申出系统思维，引导学生在从事管理工作时从全局、系统的角度全面深入了解管理对象和环境，树立系统思维。众所周知，系统思维在创新创业过程中的重要性不言而喻。只有全面、系统地认识事物，才有可能产生创新思维，只有系统全面地了解行业特性，在创业过程中才有可能发挥系统思维及资源整合能力，实现创业目标。因此，要强化对学生的思维训练，锻炼学生的思维能力，将创新思维融入专业教育。教师不仅要教学生知识，而且要教会学生知识背后的真正能力，这是专创融合在教学内容上真正融合的理想状态。

高校创新教育教学资源相对缺乏，专业教育的教学内容缺少创新思维，缺乏与创新教育相关的元素。将创新思维融入专业教育，需要从人才培养目标的宏观角度出发，强调培养学生的"创新意识、创新思维和创新技能"。对于课程教学内容的开发可以从三个方面进行，具体如图 3-2 所示。第一，创新理论通识课程。对于新入学的学生，应该让他们意识到创新能力的重要性。应该多开设此类课程，以便为培养学生创新思维等打下坚实的基础。学校可以结合自己学校的特点进行创新教育理论性知识的基础类资源的建设，介绍创新思维、创新发明原理和创新方法等相关的内容。第二，在专业限选课中增加专业创新实践技术课程模块，专业实践类资源可以联合校创新工作室进行平台建设，结合专业课程特点，开发具有专业创新特色的专业创新课程实践类指导资源。第三，通过网络平台等方式开发创新思维精品课程。这一方式不仅可以让优秀企业将其实际的工作内容通过网络课程的形式展示给学生，让学生有具体的概念，还能够让学生形成创新思维。此外多个学校之间还可以通过此种方式实现资源共享，让学生的阅历更上一层楼。

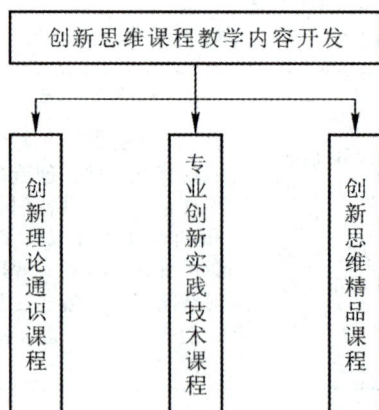

图 3-2   创新思维课程教学内容开发

3.2.3 "专创融合"人才培养方案的构建

高校构建"专创融合"人才培养方案需要贯彻先进理念，明确构建思路。坚持"学生中心、成果导向、持续改进"的教育理念，确立培养目标和毕业要求。教育教学过程中应当遵循四个原则：

(1) 坚持育人价值导向，强化综合素质培养。从定位学校总体培养目标，到明确各专业培养目标，再到细化每一门课程和教学环节的具体教学目标，是一个自上而下、由总到分、由抽象到具体的层层分解和个个落实的过程。开展专业人才培养方案重构，必须把握好培养什么人、怎样培养人、为谁培养人这个教育的根本问题，围绕体现学生最终学习成果，加强包含德育、体育、美育、劳动教育在内的通识教育的综合素质培养，合理设计课程体系，保证创新创业同向同行，贯穿教育教学全过程。

(2) 对照国家质量标准，对接专业认证评估。2018 年，教育部发布《普通高等学校本科专业类教学质量国家标准》；截至 2021 年底，全国共有 288 所普通高等学校 1977 个专业通过了工程教育认证。国家质量标准、专业认证标准以及教育部专业教学指导委员会制定的专业规范等，不仅为高校提供了办学的标准化参考框架，而且指明了专业的特色化发展方向。重构人才培养方案，就要对照标准，结合学校定位和专业实际，完善本校教学质量标准和保障体系。

(3) 彰显学科专业特色，强化应用能力培养。构建人才培养方案，应当密切关注国家和区域主导产业和新兴产业发展方向，结合学校定位和专业实际，综合确定专业人才培养目标，进一步具体描述专业人才主要从事领域和未来工作岗位。在此基础上，以人才培养目标为纲领，确定学生毕业要求，充分体现学科专业特色，系统化设计和实施教学活动，充实专业核心课程的实验实习内容，提高专业实践环节的教学比例，提升学生专业创新能力。

(4) 坚持开放协同培养，突出创新创业教育。高校应深化产教融合，加强校地、校企、校所、校校合作，完善开放办学、合作育人的协同机制，联合行业、企业参与培养方案和质量标准的制定，深度参与人才培养全过程。围绕加强学生创新创业和实践应用能力培养，通过共建产业学院、合作开展产学研协同创新项目等方式，积极吸纳社会与行业资源开发校企合作课程、校企合编教材，共建实验教学创新平台、实践教学基地等，集聚优质教学资源，协同培养人才。

结合四个原则，为了和培养目标有效衔接，各高校需要认真研究制定各专业的毕业要求，细化毕业条件，以支撑培养目标的达成。对于理工类专业，要逐一对照国际工程教育专业认证通用标准和国家质量标准，制定具有国际视野和学校特色的要求指标，人文类专业应参照国际工程教育专业认证通用标准，认真执行本科专业类教学质量国家标准，明确本专业毕业要求。所有专业的毕业要求必须做到可衡量、有支撑、全覆盖、能公开。

同时，高校应加强执行管理，注重评价改进。各高校要制定人才培养方案管理办法、课程教学大纲管理办法、课程教学质量标准、教学工作规程、专业人才培养合理性与达成性评价实施办法、课程目标达成形成性评价实施办法、劳动教育课程体系建设与实施办法、毕业实习与设计（论文）管理办法、课程考核改革实施办法、课堂教学质量评价实施办法、推进课程思政建设工作方案、实验教学管理办法、实验项目管理办法等一系列规章制度，强化人才培养方案执行的管理和评价，保证人才培养方案的严肃性和权威性，推动持续改进人才培养全过程。此外，还应以人才培养方案执行情况为重点，主动开展校级专业综合评估，并将评估结果用于专业结构动态调整。

3.3　课程体系融合

专业教育和创新创业教育融合的基础是课程体系融合。本节以应用型本科高校专创融合课程建设为例，从课程建设原则、课程内容选择与组织、创新教学方法、课程实施与评价四个方面进行阐述。

3.3.1　课程建设原则

1. 课程目标遵循能力本位原则

课程目标应支撑专业培养目标，应用型本科高校的专业培养目标定位于培养经济社会发展需要的应用型人才。因此，应用型课程目标应面向社会需求、职业素养和职业发展的需求，突出专业核心应用能力和创新创业能力培养。

2. 课程内容源于真实场景

课程内容的编排选择是课程改革的关键，相对于依据学科逻辑编排课程内容及结构，应用型课程更侧重于针对研究和解决真实场景中某个实际问题，对相关知识或理论进行整合重组而构成课程内容和结构。将源于社会和生产中的真实案例内化为教学内容，有助于培育大学生解决实际问题的专业综合应用能力。同时，应用型课程应及时汲取行业最新技术和创新成果，保持内容的前沿性。

3. 教学模式推进实践驱动

学生应用能力的形成不仅依靠学科知识的积累，更要通过不断实践内化而成。应用型课程强调从真实项目入手，在解决实际问题过程中融。运用所学知识，通过实践驱动知识的应用和能力的提升。

4. 学习效果评价坚持成果导向

应用型课程中学生学习效果的评价关注课程目标的达成度和学习成果这两个指标。科学开发达成度评价模型、及时进行达成度检测有利于不断提升课程对人才培养目标的支撑度。同时，学习成果也不再是单一考核掌握多少知识，而应建立多元化的成果评价体系。通过以上指标，形成"监控→反馈→评价→改进"的质量保障闭环系统。

3.3.2　课程内容选择与组织

专创融合教育注重创新综合素质的提高，特别是创新操作能力的拓展，这不是单纯的理论教学能够完成的，需要培养创造性思维，自主发现问题并解决问题、提出新观点，并能从事相应的实践活动的能力。实践教学体系是保证和贯彻实践教学内容实施与发展的体系，可通过合理配置，以技术应用能力培养为主体，按基本技能、专业技能和综合技术应用能力等层次，循序渐进地安排实践教学环节，让学生在实践教学中掌握必备的、完整的、系统的技能和技术。

1. 理论课教学内容要以应用为目的

基础理论课教学要以应用为目的，以必需、够用为度，以讲清概念、强化应用为教学重点，要改变过分依附理论教学的状况，探索建立相对独立的实践教学体系，实践教学在教学计划中应占有较大比重。理论教学将根据实践教学的需要，将有关知识和技能综合成公共课（基础理论）、专业理论课和专业专门化方向技术课（技术应用）三个模块。应以实践性环节为中心线索，串接这三个模块，使这三个模块既分工明确，各有其侧重点，又彼此联系，围绕着实践性环节有机地组成不可分割和相互渗透的一个整体。应加大理论课与实践课的比例。各专业方向实践教学学时应不低于总学时的40%，保证学生有足够的时间进行实践能力训练，摒弃与实践应用能力联系不紧密的理论课。

2. 以学科竞赛带动实践教学

课本的知识要真正用于指导实际工作，需要学生掌握一种转换能力，而这种能力的培养，离不开让学生通过实践或实验教学去锻炼。因此，如何提高学生实践动手等综合能力应该是我们实践教学工作的重点。在教育中，培养学生主动探索、主动学习的能力尤为重要。通过参加专业竞赛可以给学生提供较大的自主学习的时间和空间，易于调动学生学习的主观能动性，培养他们的学习兴趣和创造性思维能力。此外，还应鼓励、组织学生参加学科竞赛，并构建开放式实验室。为使学生熟练掌握实验、实训技能，达到竞赛所要求的技能，可设立一些项目工作室、创新实验室、实训中心，为学生在课外实训提供良好的平台，这样可以吸引一大批学生在各个开放性实验室进行实验、实训操作、技能训练等。

3. 实践教学与岗位技能培训相结合

各高校都已建立起先进的教学环境，教师正逐渐从黑板、粉笔的授课方式向多媒体教学方式转化，教学手段也越来越先进。可是，现在讲授课程的教师大都是直接从学校到学校，没有企业工作的实践经验。教师的实践锻炼方面，无论从时间上、还是组织落实以及经费上都缺乏相应的安排和保证。由于他们缺乏实践经验，课堂内容完全来自教材，缺乏来源于公司、企业的实例，因此，培养学生解决实际问题的综合能力还很欠缺。我们可以结合社会培训机构成功的经验，推进"三个相结合"，即课堂、实验实训场所和企业环境相结合，学生、教师、企业技术人员相结合，教学、科研、工程项目相结合，以岗位技能要求，指导实践教学。

4. 产学研合作，促实践教学的发展

教师应该经常与学生进入到企业中实践，让学生能把学到的项目管理理论真正应用到企业管理的实际问题中去，承接一些企业的项目。通过承接企业的项目，可以让师生参与项目活动，使学生在大学期间就能接触到本行业的新技术，具有处理生产现场实际问题的能力，增强质量意识和品质意识，培养学生的综合应用能力。对于教师，通过项目的完成，其实践能力得到了很大的提高，对其实践教学和理论教学都有很好的促进作用，更可助其形成适合自身发展的科研道路。科研的基本定位在技术开发、技术配套、技术改造、技术服务和研究辅助的层面。尤其对于一些教学为主、科研力量薄弱的高校，应大力引进企业项目，以项目作为引导，推动科研发展。

3.3.3　创新教学方法

教学方法主要依据教学内容和教学目标来确定。创新创业教育由于其较强的实践性，

一般采用"以学生为中心"的教学方法，专业教育则由于注重知识的完整性和学术性，一般多采用"以教师为中心"的教学方法。目前，教育对象和教学环境的变化以及社会经济发展对人才提出的新要求，对专业教育提出了应用性的要求，因此，专业教育教学方法变革迫在眉睫。两类教学方法在教学形式和内涵方面各有侧重，因此，在专创融合教育中要结合"以学生为中心"和"以教师为中心"的教学方法特点，灵活运用，最终提升学生学习的主观能动性，促进学生自我成长目标的实现。

不管是专业教育还是创新创业教育，其教学内容通常分为两种形式：一种是陈述性、事实性的知识，另一种是应用性、创新性知识。传统的学习方法对陈述性知识的作用明显，但对创新性知识的学习难以支撑。现阶段，专业教育和创新创业教育教学目标从传统的知识本位向能力本位转变，二者融合过程中，学习方法是关键。学习方法是指学习者在接受新事物的过程中所采取的方法。研究性学习是指学生在教师的指导下，通过独立探索，创造性地解决问题，并获取知识和提升研究判断能力的方法。教师在整个过程中不直接传授知识，而是作为支持者、旁观者引导学生自主学习。学生通过自主构建知识体系，在研究性学习的过程中可更好地掌握本领域的知识和要求。

高校绝大部分的专业课老师依然采取传统的以知识讲授为主的教学方法，借助课堂将课程教学内容满堂灌输给学生，在开展相应的实验实训课程时，学生更多地处于验证性的实验过程，显然此类教学方法和学生的学习方法难以让学生的专业能力得到提升，也无法培养学生的自主创新意识。因此，教师在教学的过程中应多采取研究性学习的方法，通过发布任务，从旁引导学生，由学生自主在所学或所接触的知识内容范围内开展研究性学习，这将对学生知识面的拓展、专业知识的加深、专业思辨能力的锻炼都大有帮助，从而达到专业教育在潜移默化中实现创新创业教育的教育目的。

因此，教师在教授课程时要深入分析所教授课程的知识类型，依据知识类型采取相应的教学方法。例如，教师讲授"物流仓储管理实务"课程中的"仓储合同"内容时，可改变传统的仓储合同双方权利和义务的关系和合同构成的讲授模式，通过布置任务的形式由学生自主去研究仓储保管合同和仓储寄存合同之间的异同，研究无偿保管合同与有偿保管合同的差异。整个教学过程中，教师从课堂掌控者转变成学生学习的支持者，最后引导学生思考"如果你是一名物流仓库的经营者，将如何定义仓储合同的相关条款？"等问题，最终由学生分小组、分角色（存货人、保管人）展开合作，撰写不同的仓储合同，并在班级内部陈述开展，接受其他同学的质询。通过此类教学方法和学习方法的应用，学生既掌握了物流仓储合同的专业知识点，又训练了作为物流决策人的创新决策思维。综上所述，在教学过程中深入分析教学内容的特点，多采取研究性学习的方法，对于学生专业知识的提升、专业创新思维和创业能力的训练都有积极的推动作用。

3.3.4　课程实施与评价

1. 高校专创融合课程的实施采取措施

1）制定全面的课程教学计划，优化完善人才培养方案

高校需要建立完善的专创融合课程体系，考虑到学生的基础知识和实践能力，针对不

同年级、不同专业设计不同的课程计划，综合考虑知识理论与实践教学的平衡，强化创新创业教学的实际应用性。人才培养方案要充分考虑产教融合特色以及应用型人才、技术技能型人才培养要求，有效提升学生的创新创业能力。

2) 强化创新创业导师带教

应用型本科高校应该根据学生需求，为学生安排经验丰富、能力突出的创新创业导师，帮助学生进行创业项目的制定、申报、实施，解决各类具体问题，同时为学生提供专业知识和技能的指导和培训。

3) 推广创新创业大赛和项目营

科技类、创意类的创新创业大赛可以鼓励学生完成理论上的构想成型，确认市场需求以应用于实践。项目营可以在暑假期间为学生提供"创业体验营"，让学生深入体验创业过程，并能将其想法转化到实践中。

4) 产学合作创新教学方法

根据应用型人才培养的要求，提高实习实践类课程比例，实践教学（包括集中性教育实践、课内实验/实践、独立设置实验实训课）学分超过总学分的35%，安排专业实习1学期、毕业论文1学期，加上集中实践类课程教学、教学实践周活动、专业见习活动等，实践教学时间累计超过1学年。

2. 高校专创融合课程的评价

目前，对于专创融合教育课程的考核，很多高校缺乏科学的评价。专创融合教育的课程模式需要改进，应以人才培养为目标，采取专创课程互融、理论实践结合、多专业渗透、跨学科交叉等手段，以培养学生创新意识、创业素养、创业精神、创新技能、实践能力为主导，开发专创融合的双创课程，构建专创融合人才培养课程体系。

构建专创融合课程评价体系，有助于提升高校教育教学质量，体现跨学科、多专业之间的交叉渗透；有助于提升大学生的创新创业素质和技能，满足社会产业发展对应用型技能人才的需求。要科学地评估"专创融合"的创新创业课程，改革方向应该侧重于考核创新创业教育是否融入学科专业知识，形成教育过程与教育成效相结合、理论与实践相结合的"全过程"课程考核评价机制。

层次分析法（Analytic Hierarchy Process，AHP）是将与决策有关的元素分解成目标、准则、指标等层次，在此基础之上进行定性和定量分析的决策方法。该方法是美国运筹学家匹茨堡大学教授萨蒂创造的一种通过区分层次、计算权重而进行决策分析的方法。

专创融合课程评价是指按照教育改革价值标准，通过收集相关问卷调查数据，评估课程设计、教材内容、教师教学水平及教学成效，达到课程教育目标。采用层次分析法建立专创融合人才培养课程体系评价模型并进行综合评价，可以为课程体系的不断完善提供可信的客观依据。各高校应结合高校人才培养课程考核改革的实际情况，根据课程体系的修订原则，设定专创融合人才培养课程考核评价为目标层，选取课程设计、教材内容、教师水平、教学效果四个方面作为评价准则层，选取课程教学目标、专创融合比例、实践实训比例、符合人才需求等16个因素作为二级指标层，如图3-3所示。

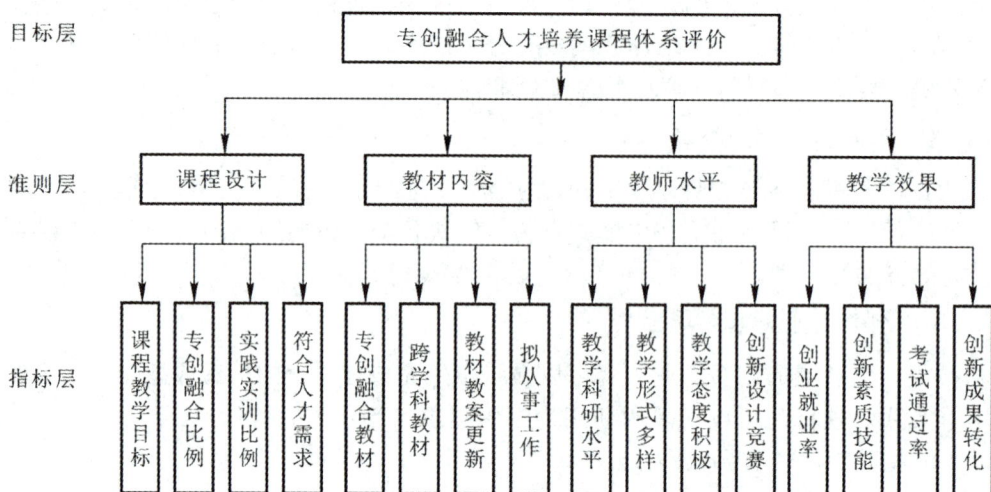

图 3-3　专创融合人才培养课程体系评价

建立合理的专创融合课程评价机制既能积极为学生自主开展创新创业实践活动提供支持和帮助，也能充分激发教师实施创新创业教育的热情，从而使学生和创业教育导师形成一种有效的合力，锻炼和造就出一批未来有所作为的创业者和创新型人才。专创融合教育应当构建多维视角的课程评价体系，评价的维度应该由简单的学生评价→教师评价→督导评价→管理层评价，进一步拓展至同行评价→社会评价→上级行政部门评价，如图 3-4 所示。

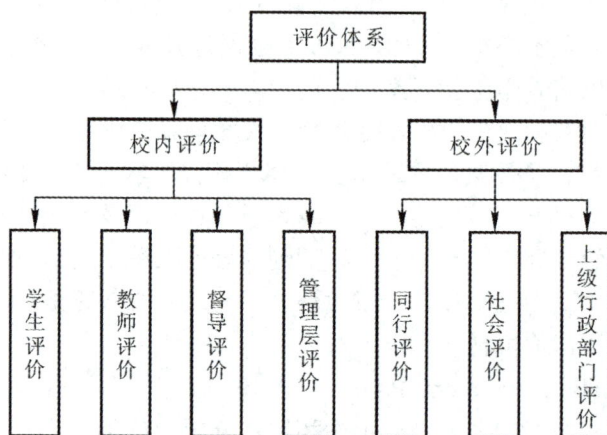

图 3-4　多维视角专创融合评价体系

3.4　师资队伍融合

高校教师是教育教学的主导力量，是学校人才培养方案的具体执行者、创新创业教育理念的具体落实者、学生创新精神和创业意识的培养者，要推进专创融合教育发展，必须先强化专业教师创新创业教育理念，提升其创新意识和创业教育水平。只有专业教师自身接受了创新创业的思想，不断求新，勇于挑战探索新事物，才能把创新创业教育与自身专业紧密结合，将创新创业教育融入专业课程，才有可能对学生起到言传身教的作用。

3.4.1　对教师教学能力的要求

高校专业教师具备较好的课堂教学能力与专业实践能力，但创新创业教育是面向真实需求的教育，这就要求专业教师具备更高的教学能力。教学能力的要求主要体现在五个方面。

1. 教学能力的融合性

专创融合教育在培养高素质人才的同时，对其他领域的概念和原理不断深化，这就决定了教师要具有多学科的知识。同时，教师要有一定的教学能力将这些支撑知识融会贯通，与实践应用结合，帮助学生建立完整的知识系统，并将复杂的知识系统通过教学内容的选择与建构、教学方法和手段的选取、教学设计的组织传递给学生，促使教育从知识的单向讲解上升到对知识的再思考。此外，跨学科教学方法的结合运用对教师有很大帮助，教师若能运用多种方法灵活地设置问题、案例或项目，将实际与理论学习密切结合起来，就可使学生在知识、能力和素质方面都得到提高，提升教学成效。

2. 教学能力的实践性

教师不仅仅是传道授业解惑，更是学生创新思维和能力开发的指导者。教师教学能力要求教师自身要有创新思维和实践开发水平，能够将自己的学术成果转化，能自发、自律地转化为解决真实教学问题的能力，促进教育创新的可持续发展。随着教学的重心从教师的教转到学生的学，教师要有能力推动学生不断参与实践，为学生创设有效的学习情境和实践平台。因此，教师的实践教学能力不仅是让学生学会动手操作，更要培养学生自觉地运用理论，在运用中思考，在思考中创新，在创新中收获，全面提升学生的实践素养与能力。

3. 教学能力的导向性

成果导向教育 (Outcomes-based Education，OBE) 和能力导向教育 (Competency-based Education，CBE) 体现了专创融合教育中的导向性。这种导向性是驱动整个教育教学活动达成预期目标的重要动力，是学生系统学习并获得产出的重要教育模式。教师进行教学的目的不应仅限于知识的传递，应导向学生学习能力的提升和发展。同时，教师教学能力的导向性应显现在教师的教学设计、组织与评价等能力中。教师通过教学设计做到学生中心、能力本位，实现有效的教学；在教学组织过程中，关注知识和技能的应用、思维的突破，对学习成效负责，采用个性化的评价驱使学生获得特定的产出。

4. 教学能力的生成性

专创融合教育以学生为中心，关注学生的全面发展，从这个意义上讲，教师教学能力在整个教学过程中要不断发展。美国心理学家波斯纳提出了教师成长的公式:经验 + 反思。教学实践是教学能力的生长之源，教学反思是教学能力的发展之源。教学实践和教学反思应互为前进之轮，教学能力内部诸要素在教学中相互影响，共同促进教师教学能力的提升。

教师可以通过实践和反思促进其教学能力的生成，运用构建主义的教学，主动建构自己的知识，在教学中预见学生的思维和反应方式，进行有针对性的培养。专创融合教育下教师教学能力的生成性通常体现在教学能力内部自我成长，教师要有跨学科的知识，能系统地运用这些知识，这就决定了教师的教学能力要求在多学科之上生长。

5. 教学能力的创新性

批判性思维和创新性能力是复杂工程问题的基础，在专创融合教育过程中，发掘学生潜能，使学生从被动学习变为主动学习，要求教师具有创造性的教学能力。教师教学行为的种种指标实际上是方法和工具的结合，只有通过全过程创新，才能产生促进学生学习的教学行为。教学过程中，教师要摆脱思维定式，在每一个环节上进行创造性的思考，突破常规教学模式，依据专业发展前沿、专业内容、教学背景、学生发展等创造性地进行课堂教学。要建立学生中心的创新环境，实现传统的教师角色向教学组织者、推动者、调节者和指导者的转换，在问题中探索，进行推理、分析、批判和验证，培养学生的创新思维、创新个性和创新能力。

3.4.2 教师队伍构建

构建专兼结合的专创融合师资队伍，需要深入推进体制机制建设，完善政府和企业对学校创新创业师资队伍建设的支撑体系建设，形成三位一体合力。作为教育主管部门，政府要完善制度保障，尽快制定相关配套政策法规，在体制机制方面为创新创业师资队伍建设提供更为切实有效的支撑；在平台运行方面，应该为创新创业教师提供符合专业发展的专属平台，这是储备和留住人才的重要渠道；在资金支持方面，要给予创新创业教育师资队伍持续的、有保障的支持。从企业方面来说，要强化企业与高校联动，加强产教融合，深化校企合作，搭建起校企之间创新创业师资交流共享的和谐机制，并为学校提供完善的实践条件、良好的创新创业环境，以及建立创新创业师资培训基地，真正提升教师的创新创业教育水平和能力。

目前，专创融合教育已经成为高校深入推进创新创业教育的必然要求，良好的师资队伍则是实现专创有机融合的关键因素，高校需要在政府和企业的支持下，牢固树立专创融合理念，高度重视专创融合师资队伍建设，积极提升教师专创融合教学能力和水平，以推动创新创业教育进一步发展，提高人才培养质量，培养出更多具有创新精神、创业意识和创新创业能力的高素质学生，为推动区域社会经济发展服务。

提高专创融合师资队伍"双师素质"。高校要真正落实《国家职业教育改革实施方案》中打造"双师型"教师队伍的要求，广泛利用自身的资源和条件，壮大专创融合教师队伍，既保证数量充足，也要努力促使教师提升"双师素质"，改善队伍结构，使其具备创新思维和创业实践经验，提高其专创融合教学能力和水平。

另外，学校要多渠道从社会上聘请优秀校友、企业家和行业专家等担任兼职教师，为学生上课，指导学生进行创新创业实践。其次，要提高专创融合教师的实践能力。要加强校企合作，建立校企师资良性流动机制，学校定期指派教师到企业锻炼，增加教师的企业工作经历和实践经验，让教师在了解企业经营管理的同时，加深对自身专业的了解；同时，企业也选派专业技术人员、项目经理、能工巧匠进入学校，承担创新创业实践课程教学任务，传授实践经验。通过校企双方人员的有序流动，提升教师创新创业实践能力。最后，学校要直接参与企业真实项目研发。由专业教师和学生正式参与企业真实项目研发，按照企业标准建立组织结构，仿真企业模式运营，这样一方面可以培养学生的实践能力，另一方面可以让教师积累实践经验，提升其素质和能力。

3.4.3　教师发展

高校要组织教师深入学习国家创新创业教育政策，了解国内外创新创业教育潮流，树立创新创业教育理念，把握创新创业生态、创新创业规律以及专创融合教育的方式方法。学校要明确专创融合教育在人才培养方案、专业课程体系、质量监测、条件保障等宏观层面的内容与要求，在课程标准、教学内容、实习实训等具体环节中落实对学生创新创业能力的培养，确保专创融合教育理念融入每一门课程，具体落实到每一位教师身上。

在校内，学校教务部门要积极引导各二级学院或系部加强交流与学习，可组织不同专业教师进行校内培训或交流，能够更加突出专业的针对性。通过实际的教学过程总结经验，改进教学方式与考核方式，以优势专业带动其他专业教师教学能力的提升。就教师个人而言，要积极参与各种培训，多与同行交流和探讨，更好地促进自身专业水平和指导创新创业能力的提升，并积极投身学生创新创业项目孵化指导工作；总结和制定出更科学高效的教学方案，并在教学实践中不断摸索，从而提升自身的教学能力。在校外，学校选派有一定创新创业素养的专业教师进行创新创业专题的培训和进修，也可以组织教师到创新创业教育和专业教育融合较好的学校进行学习，与不同院校的教师交流教学经验，学习和了解最新的教学成果，并将之融合到适合学生发展的教学模式之中，有助于使教师在此过程中思想观念和教学方式与时俱进，提高其自身综合素质。

在制定教师考核制度时，一方面高校要考虑把教师参与专创融合教学任务列入岗位职责，并列入考核的范畴。对专业课教师的考核，要在传统的教学、科研、社会服务等指标之外，加入相应的创新创业教育内容，具体包括对创新创业教育实践效果、指导学生参加创新创业大赛情况、申报创新创业教育相关课题及科研情况等方面进行评价，保证创新创业教师的付出能得到相应的肯定和回报。另一方面，应强化对专创融合教师考核结果的科学运用，将考核结果作为教师在岗位聘用、职务晋升、评奖评优、干部提拔、培训进修、申报人才计划等方面的优先考虑因素，充分发挥考核的引导作用，激励广大教师积极投身专创融合教育教学活动，营造深入推进创新创业教育发展的良好氛围。

3.5　实践活动融合

3.5.1　实践平台建设

创新实践平台通过结合各种软件设施及硬件设备综合性地对学生进行创新实践能力的提升，从而满足实践活动的融合。

1. 高校大学生创新实践平台建设的内涵

目前，高校大学生创新实践平台建设已经具备完整的体系，并在各大综合性高校逐渐落实完善。大学生实践平台建设主要分为两个部分。一是创新实践平台的硬件基础设施建设，包括仪器设备、实验室、实践实习基地，以及电子软件平台及一系列现代化基础设施建设，还包括一些智能自动化设备及多媒体网络设备，这些能够有效满足大学生的创新实践基础需求。二是通过加强创新教学管理的方式提升学生的创新实践能力，这就要求高校不仅要增添能有效提升学生能力的硬件设备，还要提高培养学生创新实践能力的综合管理水平，通过不断完善教学管理模式及创新实践综合教学方式，提升学生的总体创新实践水平。要建设多层次、内容丰富且有针对性的实践教学课程体系，依托高校的工程训练中心和相关专业院系的优质师资队伍，构建层次多样、适应面更宽的课程资源，包括必修、选修、通识等课程，并建设一批慕课、视频公开课等。创新实践平台的教学方式及教学管理模式是平台建设的重要部分，对推动大学生创新实践活动起着巨大作用，而涉及平台运行的体制机制及运行管理是其运转的基础。

2. 高校大学生创新实践平台建设的现状

通过不断地开展实践及完善平台建设，高校大学生创新实践平台建设已经有了充足且丰富的经验，虽然与国外高校的大学生创新实践平台建设存在差距，但是相较于国内前些年的高校创新实践平台建设已经取得了较大的成效。高校在开展创新实践平台建设的过程中，需要结合本校的具体发展实际及学生的综合能力，并充分考虑学生的个人能力及师资建设水平。对于偏重工科类专业的学校，开设的专业可能会有机械专业、土木专业及电子信息工程专业，不同专业的学生对创新实践的需求是不同的。因此，要根据学生的具体需求进行创新实践平台的建设，充分考虑不同专业学生的需求。例如，机械专业在当前的时代发展背景下具备了更加贴合时代发展的最新需求；机器人行业具有广泛的发展前景，因此应当增加一些机械自动化设备，保证机械自动化设备能够以一种创新的程序进行专业化的机械设计以及现代化的智能机器人系统设计；软件工程专业对本专业的创新程度有着较高的要求，要求本专业的一系列设备软件满足当前时代发展的最新动态，让学生自主设计一些新型软件程序，从而促进软件工程创新开发工作的正常进行。

虽然我国的高校大学生创新实践平台建设已经取得了较好的成效，但是仍然有一些不足之处。例如，部分高校大学生创新实践平台建设的应用程度不高，很多学生缺乏创新实践的具体实训，只停留在一些较低层次的创新实践上，无法对学生开展深入的创新实践工作；学校对学生创新实践平台的宣传工作不到位，导致学生对创新实践的了解不够深入，不能很好地了解创新实践平台对学生的具体作用。

3. 高校大学生创新实践平台建设的措施

1) 吸取借鉴国内外高校关于创新实践平台建设的经验

由于不同的高校对具体的创新实践平台建设有着不同的举措，所以每个高校相对来说都有优点值得我们去学习。因此，要不断地吸取不同高校的创新实践平台建设经验，并结合本校的实际情况做出更加完善的改革，从而更好地推动本校创新实践平台的建设。相比于西方发达国家，我国当前的高校创新实践平台建设仍与之存在较大差距，因此，我们要不断吸取发达国家创新实践平台建设的经验，顺应当今世界的发展趋势，不断地缩小与国外高校在建设高校创新实践平台中的差距。

2) 结合本校的实际情况进行创新实践平台的建设

创新实践平台建设时应充分考虑到本校的实际情况及学生的学习特点，充分考虑学生的个体思维差异、不同专业的学生对创新实践的具体需求、各专业对创新实践的差异性和互补性需求，在不浪费学生专业学习时间的基础上对其进行创新知识点交叉教学，充分整合创新实践平台建设的应用方向，利用综合性学校各学科的优势，实现资源共享。通过学科统筹，建立跨学院专业的学生创新科研团队，将专业背景、理论基础不同的学生整合到一个团队中，充分发挥学生的主动性和创造性，培养学生的自主学习能力和创造能力，促进其个性发展。

高校在进行创新教学活动时，应充分发挥学生的主体作用，但不能忽视教师的带头引领作用。教师引导学生进行自主创新实践操作，进而充分锻炼学生的自主学习能力，提高学生的综合性创新实践操作水平。教师作为引导者，其自身素质与能力要与时俱进，积极主动掌握最新的知识与信息，并及时分享给学生，在实践教学活动中为学生做好指导。总之，高校要在开展教学科研的同时做好教师的相关培训，还要充分激发学生的自主能动性及创新力，这对提升学生的创新实践水平具有重要的作用。学校要充分利用社会资源，支持以校企合作的方式建设实验平台。在平台内设立大学生科研成果孵化基地，选拔进驻一批优秀学生科研团队，鼓励校企合作，根据专业、课程、产学研合作、课题研究等实践活动，强化产学研合作能力的培养，并不断提高学生的实践能力、社会服务能力，以及反哺课堂和实践教学的能力。同时，学校还应提升学生创新实践的针对性，了解社会需求，提高实战效果，形成校内外联合提高学生创新实践水平的良性循环。

3) 学校应在创新实践平台建设中发挥主导作用

高校要充分认识到推进大学生创新实践平台建设的紧迫性、重要性及其现实意义，同时，各层面要形成共识，提供切实保障。学校和相关学院是大学生创新实践平台建设的主体，要针对如何促进本校的创新实践平台建设提出相关方案措施，出台具体的举措，引导全校师生共同助力本校创新实践平台建设。通过建设创新实践基地及综合发展实验基地、不同专业的专业性综合实践研究基地，以及大学生创新创业实践基地，为学生的实践创新提供具体的场所，并营造一种良好的创新实践氛围，从而帮助学生更好地进行实践创新。我国综合性高校建设创新实践平台的目的是提高学生的创新能力，但在提高学生创新实践水平的同时，不能忽视对学生学术研究能力的提升。因此，可以在加强学生学术理论知识指导的同时融入创新观念，增加理论实践课程；在提高学生学术研究能力的同时提升其创新实践水平。学校应当为学生的创新实践提供资金支持及保障，为表现良好的学生提供创新创业奖学金，保证学生在进行创新科研时有足够的资金作为支持，这样可以有效地提高学生创新科学研究的质量。学校在培养高素质创新型人才的同时，应充分考虑学生的个人素质及学习能力，针对学生的不同水平进行个性化的指导教学，形成一套个性化的人才培养机制，有效地培养学生的创新能力及综合素质，促使学校创新实践教学工作得到高质量的发展。

与此同时，可以开展多个专业联合进行的创新实践，借鉴不同专业的创新学习经验，招收不同专业具备创新素质的人才进行统一的创新实践培训，这样不仅能够加强各专业之间的技术交流，还能在交流中提升学生的实践能力，促进学校创新实践工作的开展。不断加强对创新实践基地的管理体系建设，加大对学校创新实践基地的投资建设，定期对创新实践基地的基础设施进行检查与维修，确保基础设施能够正常运行；采用多种现代化设备进行创新实践教学，以符合当前时代发展的需求；教师应当采用更加先进的教学理念对学生进行创新教学指导，这样有利于提高教学水平及学生的综合创新实践能力。

4) 积极有序地组织学生参与多方面的创新创业实践活动

高校应组织学生深入参与校内外各类创新创业实践活动，二级学院与创新创业中心协同开展与配合，有效分配学生的实训场所和实训内容，提升实践活动的专业针对性。这样，既能避免学生在实际训练中浪费时间，又有利于激发学生的创新创业意识。高校可以牵头在全校范围内组织开展常态化的创新创业实践活动，如创新创业设计、创业活动路演、创新创业类大赛等专题活动。各学院积极响应配合与落实，鼓励各专业学生积极参加，由学生自主报名到校内选拔，安排专业教师进行指导，同时可将学生参与创新创业实践或竞赛情况纳入学生的实践教学管理，在各类实践活动中培养学生的创新创业意识和能力。

3.5.2 教育资源开发

专创融合教育是以专业教育为基础，以课堂教学、实践活动为渠道，以培养学生创新意识、创新思维、创新精神为目标，以转变学生就业观念、传授创业知识、提高创业能力、指引创业方向为主要内容的新型教育模式。创新是教育的基础，创业是教育的目标，教育资源要借助创新创业教育进行开发。专创融合实践教育资源的开发主要集中在四个方面。

1. 开发校本教材图书资源

教材图书资源的开发与使用是学生获得创新创业精神以及创新创业基础知识的一个重要途径。高校开发专创融合教材资源时不仅要考虑到在教材的内容上进行丰富与开发，还要充分考虑到院校自身的定位特点、所处地区的经济条件等多方面的特性。在对教材资源内容方面的开发中要以标准为中心，可以着重对创新创业教育实践案例、创新创业内容的实用性等方面进行深入的选择与开发，并且完善创新创业教材体系的系统化与科学化。在对教材资源的开发途径中，不仅要对校外购买的教材进行更深入、更严格的选取，还要加大开发适应于本校发展的独具特色的校本教材资源的力度，可以组织相关有经验的校内外教师以及企业家等共同编写教材，更好地提高高等院校创新创业教材资源的独创性与适应性。而且教材与图书资源的建设应以学生发展为宗旨，以促进就业为导向，注重产教融合、校企合作，突出对学生综合实践能力的培养，实现理论和实践教学融通合一、专业知识和技能内化合一，以及教材内容与实训学做合一，引领专业教育向提质培优的方向发展。另一方面要着力打造出多元的编写团队，组建一支由专业骨干教师与行业企业专家等人组成的精教学、能编写、善创新的高水平自编队伍，将来自企业的技术和案例进行优化处理，转变为适合学生的案例和实践技能融入教材。同时，专业编辑人员可以从始至终对教材文本组织的规范性进行把关。在对相关图书资源的开发中，在对图书的内容审查方面进行更深一步的引进开发，严格遵从教材开发过程中的治理机制，强化审核流程并满足学生的创新创业需求，可以通过定期对学生以及教师的阅读需求进行调查，开发出符合当今社会中创新创业需求与发展的资源，使图书资源能够对学生的创新创业发展起到良好的促进作用。

2. 提高竞赛实践资源利用效率

高校专创融合教育实践资源的开发主要可以从两个方面进行，一方面是利用学校的创新创业实践场地资源，另一方面是对竞赛活动资源进行开发。在对创新创业实践场地资源的开发中应该注意加大对实践场地的活动内容以及实践形式等方面的开发与利用，提高对实践场地的利用率，扩展创新创业实践活动资源的内容，调动学生的创业积极性。并且要丰富实践活动的开展形式，扩大实践活动场地的面积并充实相关配套服务，将实践场地资源进行多方面的利用，提高学生的创新创业能力。

竞赛活动资源是开展创新创业活动的重要载体，也是开发实践资源的一个重要方面。当今从教育部到各省市以及各学校都在积极组织学生开展创新创业教育竞赛活动。如此，一方面可以提升竞赛资源的作用，激发学生创新创业学习的内驱力；另一方面还可以通过竞赛资源的渠道最大程度地培养学生的创业综合素质与能力。在对创新创业教育竞赛资源的开发利用中还要对竞赛的评选机制以及奖励进行改革，保证在公平公正的情况下提升学生的竞赛参与度；还要对竞赛活动项目的种类以及竞赛的实用性等方面进行积极的调研与开发，通过了解学生以及本地区的实际情况开发出学生真正感兴趣的竞赛项目资源，发挥学生的主观能动性，以兴趣带动学习能力与实践能力的增长，由此多方面地扩充与提高创新创业竞赛实践资源的数量与质量。

3. 挖掘深层次政企资源支持

高等院校应对大学生的应用实践能力提供重点的以及更有针对性的培养。培养高校大学生创新创业综合能力的过程中，需要多种类型创新创业教育资源产生合力来共同推进。由于掌握这些资源的主体不同，因此不能仅以开发高校有限的创新创业教育资源为主体，更要全方位深层次地对校外不同主体间的创新创业教育资源进行开发，这样才能更加全面地提高大学生的创新创业及实践能力。高等院校在创新创业人才培养的整体过程中始终具有与政府以及企业之间不可分割的联系，开发好深层次的政府资源和企业资源是影响高校创新创业人才培养以及创新创业教育开展成功与否最为重要的两个方面。在高校、政府以及企业之间建立起创新创业教育资源协同开发利用机制，即促进各类资源的开发深度以及广度，提高创新创业教育资源的优化利用率，增强创新创业教育资源的协调发展以及创新创业教育服务保障水平，以此给大学生搭建更广阔的资源平台。通过调整资源结构，整合资源开发，吸引外部资源汇入，发挥创新创业资源主体优势，释放与创新创业教育资源有关要素的开发活力，使教育系统稳定发展、持续运行。高校应根据当前市场前景制定创新创业教育的发展方案，面对高等院校专业课程设置以及课程安排、创新创业教育的开展方式以及教学方法做出进一步的规划与调整，只有生产出"适销对路"的合格"产品"，才能充分发挥出企业资源的最大影响力。在此基础上，还应快速建立学校优势专业的项目库、专利库，一方面可以给企业提供发展思路，另一方面当企业有需求时，可以直接拿出现有的项目、专利等，直接对接企业。此外，针对不同的企业，可以派指导教师和实习学生直接去企业，了解企业真正的需求，再回校做双创项目，达到双赢的局面。在对政府资源的开发中，首先应由政府组建专门对接的管理部门，整合企业与学校的需求，建立政府、企业、学校之间的人才流转制度，建立共同的人才库。这样，人才可以充分了解企业的需求，了解学校的能力。由政府相关部门为双创的合作建立相应的保障措施，并由政府及企业联合举行创新创业实践活动，借此扩大创新创业活动经费的来源，加强对政府、企业的资金资源开发。只有掌握政府的政策，将政府政策资源实时传递给学生，才能促使创新创业教育资源在政府、企业、社会之间深层次地流动，为此，可以通过互补性资源需求创造出更大的社会价值以促进创新创业教育资源实现知识、能力以及成果的共享，形成开发创新创业资源的乘数效应。

4. 丰富专创融合教育资源宣传方式

开发高等院校专创融合教育资源，培养壮大学生创新创业的能力，深入开发构建专创融合教育资源显得尤为重要。通过创新创业教育隐性文化资源的无声作用，搭建起学生的创新创业思维桥梁，从而达到凝聚主体作用力、统筹差异性特征的目的，才能构建创新创业人才高质量的创新创业新格局。高校内的相关组织部门要加大对隐性文化资源的重视程度，可以加强宣传国家以及地方创新创业教育的相关政策，进行校园广播以及板报等宣传，让学生对创新创业的了解更加深刻，了解目前社会严峻的就业形势，从而能够积极地投身创新创业。高校要着力营造出"创业人人皆可为、创新事事无所制"的创新创业良性氛围，要彻底改变学生"创业不敢为、创新不想为"的陈旧思想观念。大学生依然面临着创新创业能力不强，缺乏创新创业方向指引的问题，这就需要面向高校全体学生进行分类指导，结合自身特点与所学专业、强化创新创业实践能力，搭建有利于大学生进行创新创业的平台。高校要指引学生结合自身的兴趣爱好、能力水平、具备的创新创业资源来进行创新创业；要充分利用自媒体平台和网络传播的途径，多种宣传形式相结合，开展多样性的创新创业宣传。其内容应涵盖地方创新创业的支持政策和国家关于创新创业的整体方针。可以通过向大学生讲述本校典型的创新创业人物以及优秀的创新创业案例并对其进行系统分析等，增强校园的创新创业文化氛围，培养学生敢于创新、求真务实的创业精神。还可以在高校、企业、政府之间联合举办"创新创业文化实践节""创新创业成果交流会""优秀创新创业事迹报告会"等进行创新创业成功典型的宣传，开发创新创业隐性文化，使其不断发展、持续升华。对于创业失败的学生，要帮助其分析失败原因并总结经验，给予他们创新创业教育资源上的支持与引导，营造积极向上的校园创新创业文化。

3.5.3 创新创业竞赛

创新创业竞赛，对于提高大学生创新创业实践活动质量具有十分重要的意义和作用。举办创新创业竞赛，既可以为学生提供充分展示自我的机会，还可以通过比较找到与其他高校学生的差距，促进创新成果的改进。通过竞赛活动论证创新成果的科学性、合理性、可行性，以赛代训、以赛促学、以赛促练、以赛促改是高校推进创新活动便捷而有效的途径。

（1）随着互联网时代的兴起，互联网成为创业的重要载体，互联网创业是大学生未来创业的必然选择，将互联网思维融入创业项目既必要又有意义。中国"互联网+"大学生创新创业大赛项目突出新一代信息技术的应用，更加注重学科交叉和跨行业创新，体现了大数据、物联网、人工智能、大健康等第四次工业革命重点领域的前沿趋势和最新成果。

在团队组建方面，需要互联网信息技术人才的加入，或培养"互联网+"复合型人才，从而在项目中将互联网产业与传统行业紧密结合，促进多专业、多领域的学科融合。团队成员最好能做到专业互补，这样才有利于项目的开展。另外，由于项目涉及创业内容，有条件的团队可以邀请校外指导教师，从而使项目实战性更强，对学生综合能力的提升也更有益处。

竞赛的主要成果呈现是一份完备的商业计划书，计划书应从项目背景、产品与服务、市场与竞争分析、营销与管理、项目优势等方面展开。对于项目背景，参赛学生需要查阅大量文献，了解研究领域目前的国内外发展状况，包括本产品所解决实际问题的严峻性、行业同类技术或产品的特点及缺陷、产品受众及市场需求等，从而说明参赛项目的必要性与可行性。在产品与服务部分，参赛者应详尽说明产品的作用原理、工艺创新、用户定位等，同时要展示项目已获得的成果，如专利、论文等，以体现项目进程。另外，对产品未来应用前景的预测也是说明项目意义的有力佐证。在详细介绍产品本身之后，是商业运作计划。进行市场评估时，首先要对市场环境、市场背景进行分析，接着更深层次地挖掘出本产品的市场优势。在此基础之上，提出本产品的目标市场，并进行市场竞争分析、市场前景预测。营销计划包括营销渠道、促销策略等。最后是财务预算及风险评估。商业计划书是对整个项目的全面介绍与分析，需要查阅大量文献材料、数据资料，后期还需进行不断的修改完善，因此需要团队成员分工合作，紧密配合。竞赛的答辩环节分为作品展示与评委问辩。作品展示部分，主答辩选手依据商业计划书内容对项目进行全面介绍。评委依据展示内容对选手进行提问，既考察选手对项目的认识与熟悉程度，又考查参赛选手的临场发挥能力，评委还可能在问题中指出项目存在的不足之处，因此要求参赛选手在准备答辩时要对项目有充分的认识，找出项目的难点、细节、缺陷等，并能够合理组织语言对其进行解释，同时在平时注重培养临场发挥能力和演讲能力。

高校在组织"互联网+"大学生创新创业专项赛时，应重点强化创业项目的应用前景以及对资源利用的有效提升。竞赛项目组织应强调项目要结合生活、结合地方特色、结合资源条件进行设计。竞赛考核的重点是生活服务的便利性，地方产业的适应性，资源利用的有效性。在竞赛组织上，采取由学校创业学院负责、多学院联动、多专业交融、多学科论证、多层级实践的竞赛体系，多维度全方位进行项目培育与实践，多轮次反复进行项目打磨、优化。通过竞赛，可以让学生切身体会互联网时代的创业，也检验了学生创新成果的应用性。

(2) 以"挑战杯"为统揽组织课外学科竞赛。挑战杯是"挑战杯"全国大学生系列科技学术竞赛的简称，是由共青团中央、中国科协、教育部和全国学联共同主办的全国性的大学生课外学术实践竞赛。"挑战杯"竞赛共有两个并列项目，一个是"挑战杯"全国大学生课外学术科技作品竞赛，另一个则是"挑战杯"中国大学生创业计划竞赛。

"挑战杯"全国大学生课外学术科技作品竞赛是以培养当代大学生创新能力为核心的，学生个人或团队在指导教师的指导下，自主完成创新性研究项目设计、研究条件准备和项目实施、研究报告撰写、成果交流等工作。"挑战杯"中国大学生创业计划竞赛借用风险投资的运作模式，要求参赛者组成优势互补的竞赛小组，提出一项具有市场前景的技术、产品或服务，并围绕这一技术、产品或服务，以获得风险投资为目的，完成一份完整、具体、深入的创业计划。创业计划竞赛作为学生科技活动的新载体，在培养复合型、创新型人才，促进高校产学研结合，推动国内风险投资体系建立方面发挥出越来越积极的作用。

"挑战杯"竞赛的选题需遵循科研选题的基本原则，即需要性原则、创造性原则、科学性原则、可行性原则、效益性原则。除了这些基本原则，参加全国性竞赛的挑战杯项目，选题新颖、具有创新性才能在大赛中脱颖而出。好的项目应紧扣市场需求和时事热点，能引领学生利用专业知识解决实际问题。

在团队组建方面，应根据项目的研究方向和需要解决的实际问题，统筹考虑学生团队成员的专业方向、年级构成、个人特长，指导教师团队的技能特长、科研专长，充分发挥师生团队的综合优势，形成项目研究合力，确保项目的有序实施和推进。对于课外学术科技作品竞赛，由于学术性强，应挑选专业能力强的学生作为团队成员。而创业计划竞赛，涉及范围广，更加强调学生的综合能力，且可能需要跨专业的团队组合。在"挑战杯"课外学术科技作品项目的开展过程中，初次参加竞赛或接触科研的学生需要在导师的指导下进行研究，通过阅读文献了解研究背景、研究方法，通过实验室学习掌握实验方法及技术，并在此基础之上培养创新思维。学生在备赛过程中，可以自主学习并了解研究背景，提出创新设计理念和想法并进行可行理论分析，然后动手操作实验等，使所学的理论知识在参赛过程中得到应用，并且在此过程中突破固有的思维局限，逐渐形成创新性思维格局，学会系统地创新思维方法和解决实际问题的方法。而对于"挑战杯"创业计划竞赛，从评审标准的文本中可看出，计划书中权重最大的是财务分析，其次分别是管理技巧与团队、风险分析、产品或服务创意、市场竞争分析。由于计划与实践存在距离，学生缺乏对实际商业运作的切身感受，因此常常出现计划书偏离实际，财务分析理想化，创业计划书不完整、无条理性等问题。因此，参加创业计划竞赛的学生在学好专业知识之余还要自学较为基础的创业知识，如创业管理、创业财务基础、创业市场调查等，并且主动请教相关专业人士，使参赛作品在产品出色之外，各项创业指标都能更加贴近实际。

"挑战杯"作为全国高校高水平的示范性竞赛，备受高校重视，是目前高校参与度最高、参与面最广、创新层次最深的学生学科竞赛，是促进优秀青年人才脱颖而出的创新摇篮，也是引导高校学生推动现代化建设的重要渠道。成果展示、技术转让、科技创业，让"挑战杯"竞赛从象牙塔走向社会，推动了高校科技成果向现实生产力的转化，为经济社会发展做出了积极贡献。深化高校素质教育的实践课堂，"挑战杯"已经形成了国家、省、高校三级赛制，广大高校以"挑战杯"竞赛为龙头，不断丰富活动内容，拓展工作载体，把创新教育纳入教育规划，使"挑战杯"竞赛成为大学生参与科技创新活动的重要平台。

(3) 中国大学生计算机设计大赛是我国高校面向本科生最早的赛事之一，2008 年开赛，由教育部高校与计算机相关的教指委等独立或联合主办，现在是全国普通高校学科竞赛排行榜的榜单赛事之一。与"挑战杯"系列竞赛和"互联网＋"创新创业大赛等项目不同，计算机设计大赛的作品以软件开发、数媒游戏、平面设计等为主，作品兼具技术性与艺术性，将计算机技术与绘画、音乐、摄影等完美融合，并且具有较高的原创性要求。由于大赛面向所有专业本科生，因此对于计算机技术的要求并不需要达到计算机专业学生的水平。其他专业的学生通过自学计算机语言、编程等也能达到参赛水平。并且比赛以计算机技术为主，其他艺术效果如绘画、音乐、摄影等相对次要。因此，这些特点都降低了参加该项竞赛的门槛，任何专业的学生都可以通过自学编程、图像处理、绘画、视频剪辑等技术而完成一项参赛作品。大赛的这些特点有利于激发其他专业学生学习计算机技术、新媒体技术等的热情和潜能，促进大学生应用计算机技术解决实际问题，从而有利于计算机技术的普及，最终使计算机技术真正融入所有人的生活。与"挑战杯"系列竞赛及"互联网＋"创新创业大赛等由较多成员组成的团队不同，计算机设计大赛是 3 人或 5 人的小型团队，因此，在分工协作方面，每人可能需要完成多项工作，对团队成员综合能力要求较高。依据比赛类别不同，应选择有特长的队员组成团队，如编程、绘画、摄影、视频制作、数据处理等，优势互补，共同完成比赛作品。团队规模小的原因也是由于项目规模较小，一般不像"挑战杯""互联网＋"等大赛项目需要大量的资金技术支持，学生团队即可完成项目。并且比赛评审强调作品本身以及作品原创性等，较少关注成果转化或经济效益，是一项更为单纯的注重作品的比赛。关于备赛过程，以交互设计这一类别为例，参赛团队设计开发一款交互软件，用以介绍或科普某一主题限定的内容。在作品准备过程中，首先进行小组讨论，由团队负责策划的学生确定作品内容及板块划分，协调团队成员的分工合作。负责绘画的学生依据内容绘制原创素材，最终由负责技术的学生通过编程、建模等计算机技术实现交互。交互形式需要具备多样性、趣味性，如小游戏、拼图、知识问答、人物对话、语音输入等，借助计算机输入输出设备、语音、图像、体感等多种手段，使用户与作品实现动态交互。对于非计算机专业的参赛选手，交互软件的开发难度不小，可能需要自学多种计算机技术，并具备一定的审美能力，从而设计出艺术性与技术性兼具的参赛作品。

(4) 国际大学生 iCAN 创新创业大赛秉承"传递 iCAN 理念、激发创新热情、点燃创业梦想"精神，倡导科技创新创业服务社会、改善人类生活，旨在引导和激励高校学生勇于创新，发现和培养一批有作为、有潜力的优秀青年创新创业人才，促进和加强以物联网、智能硬件等为代表的高科技领域的产学研结合，推动相关高科技产业的发展，为高科技创新创业搭建国际化的交流平台。该项赛事鼓励学生通过自主创新设计和公平竞赛，培养创新思维和加强过程训练，学以致用，把理论知识转化为具有应用价值的作品，为成为优秀工程师和设计师以及企业家奠定坚实一步。同时，高校应在加强辅导和推介的基础上，鼓励学生通过参赛作品进一步走上成功创业之路。

3.5.4　创新创业实践活动

(1) 组织实施研究性学习计划。高校通过组织学有余力的学生，结合专业学习，根据课堂学习中的问题或感兴趣的内容，归纳提出具有研究价值或创新思想的研究课题或学习方案，然后进行立项并开展相关的研究活动，制定大学生研究性学习计划。此计划以学生们的专业学习为基础，以兴趣和问题为导向，开展立于学习、深于学习的创新和实践活动。获得立项的项目，学校通过费用资助、实验室开放等，助力学生完成项目研究。学生以项目研究结果为基础参加各种学科竞赛，发表科研论文等，这些学习计划为学生开展多层次、多内容的创新创业实践提供了有力的支撑。在我国大力组织并开展全国大学生创新创业训练计划项目的背景下，学校融合省级、国家级大创项目立项，构建更加完备、高效的大学生创新创业训练计划体系，加快形成国家级"大创计划"→省级"大创计划"→校级研究性学习计划三级联动工作机制，使学校的学生科技创新活动实践体系更加系统、完整。

(2) 组织实施大学生创业实践实训支持计划。高校通过校内多部门联动、校企合作、校地合作为学生提供创新创业实践机会，以"大创计划"研究成果和学生获批的专利为基础，组织开展学生创新成果论证，遴选出设计新颖、有市场前景的学生创新创业项目，实施特别资助计划，拨付专项的资助资金，用于创新产品研发、中试，创业企业的注册、推广，帮助学生完成创新成果转化，创业项目落地。在创新创业实践活动中，学生可能存在对创业知识和活动的认知不足、创业经验不够丰富、创业能力有限等问题。高校应当联合人社部门，整合创新创业资源，开设创新创业实训课程，对有创业意向的学生进行创新创业实践训练。通过校内设立创业训练中心，对在校学生进行创业模拟实训、网络创业培训等实训。

　　(3) 组织建设高校大学生科创园。学校按照"依托专业、分类孵化、一站服务"的思路，依托智能制造、集成电路、人工智能和大数据等专业，打造"科技项目孵化区"；依托艺术设计等专业，打造"文化创意项目孵化区"；依托电子商务、计算机等专业，打造"互联网＋现代服务孵化区"；依托学生兴趣特长打造"综合创业孵化区"。分区域孵化，提供针对性指导，提高创新创业的实效性和可持续性。校内设立一站式服务大厅、项目路演厅等公共服务设施；同时二级学院依托专业资源，打造创客工作室、创客空间等多个专创融合的创客实践平台，形成"一园四区多平台"的立体化格局。在长期实践过程中，科创园要形成"师资力量做加法、审批制度做减法、项目扶持做乘法、创业门槛做除法"的"加减乘除"的运营模式，保证实践平台的高效运行。通过教学培训中心、创业实践中心、创新工作室的有效运行，为学生专业实训、就业创业、企业实践和科技服务提供保障，实现校内外创业园的联动，深化实践平台建设。此外，还应开展各类创新创业活动，如创客工作坊、创新创业竞赛、科创成果展和双创达人评选等活动，打造创客文化。

第四章 高校专创融合创新实践研究

传统式教学限制了学生的想象力,学生缺乏创造力。专业教育与创新创业教育融合,将促进专业教育及时反映本学科专业领域的前沿知识、相关交叉学科专业的前沿信息和相关行业及产业发展的前沿成果。专创融合实践活动实现了学科交叉,实现了"专创教育"的资源整合,有利于调动学生对专业课程学习的兴趣,帮助学生在专业学习的基础上学以致用,强化专业学习动机,促进高素质应用型人才的培养。

4.1 创新能力养成因素

1. 专业知识的掌握程度

创新能力是在特定环境中运用现有知识和物质,为满足社会某种需要,改进和推出新事物并获得一定的成效的行为能力。由于创新能力首先是建立在专业知识的基础上,专业知识的掌握程度与学生创新能力大小高度正相关。研究发现,专业知识的掌握程度在很大程度上决定着学生是否具有创新能力以及创新能力的大小。掌握较多专业知识的学生会及时更新知识并乐于实践,而这有利于发现行业中的新问题,提出创新的理论,寻求创新性解决问题的思路或方法。相反,掌握较少专业知识的学生对于业界新理论的敏感性会较差,并且难以在实践中根据自己的理论知识去发现问题,以及寻求更多途径去解决问题,也难以拥有较强的创新能力。因此,专业知识的掌握程度是影响学生创新能力形成的基本因素。

2. 实践教学的重要影响

创新能力的形成离不开实践教学。创新本身离不开教学指导。实践教学能够让学生了解行业为什么需要创新,需要什么样的创新,如何进行创新,创新的程度如何。大学生只有在实践中才能加深对专业知识的理解,将学习的知识更好地消化,使专业技能得到有效的提升。本科毕业论文设计对培养大学生应用专业理论知识、探索实践问题等均具有不可替代的作用,有助于增强其创新实践能力,是培养大学生创新创业精神不可或缺的组成部分。然而,由于考研、出国、找工作等种种原因,学校、学生、教师往往都忽视了这个环节。实践教学是理论联系实际的桥梁,没有实践,理论知识是抽象的;没有理论,实践操作是盲目的。因此，实践教学是影响学生创新能力形成与提升的关键因素。

3. 创新的动力和源泉

创新能力的形成来源于一定的动力，动力引导人们进行创新活动。创新动力来自于激励与压力，来源于学校与自身。那些具有较强创新操作能力的大学生一般都具有创新的动力，特别是具有好奇心和神秘感，善于思考、勤于动手。学生实践能力的源泉是各式各样的创新。创新能力的形成还需要创新精神。创新精神是影响学生创新能力形成的重要因素。有了创新精神并勇于实践，就能源源不断地进行创新并获得创新性的成果。可见，创新的动力与源泉是影响学生创新能力形成与提升的核心要素。

学生创新能力的形成受许多因素的影响。其中，专业知识的掌握是前提与基础，实践教学是转化器，创新动力和源泉是催化剂。在一定基础上，转化加催化，创新能力才能得以形成与提升，三者缺一不可。否则，学生是难以进行创新的，更谈不上创新能力的提升。专创融合创新实践过程中，既要重视专业教育，又要重视创新能力的培养。

4.2　专创融合创新实践核心任务

专创融合创新实践核心任务有两个：一是构建两者深度融合渗透的实践平台课程体系，与通识教育协同共进，推动专业基础教学平台、校内实践教学平台、校外实践教学基地形成共同的认知价值观，达成和谐、整体的行动逻辑。二是构建基于创新创业教育内在机制的实践平台内容体系，促使实践环节和实践特征更具专业性、创新性、实践性，保证创新创业教育的质量，提高专业人才培养的成效。

1. 构建融合实践平台的课程体系

高校开展课程改革，需要根据创新创业课程方案和现有的专业教育人才培养计划，构建出"专创融合"的实践平台课程体系，实现基于专业教育、创新教育、通识教育"三线并行"的专业基础教学平台、校内实践教学平台、校外实践教学基地"三体合一"的课程体系建设。换言之，要以实现学生技术能力培养和非技术能力塑造为双重改革目标，以创新创业教育为基础，以专业教育为支撑，以通识教育为载体，构建"三线并行""三体合一"的课程体系，如图 4-1 所示。

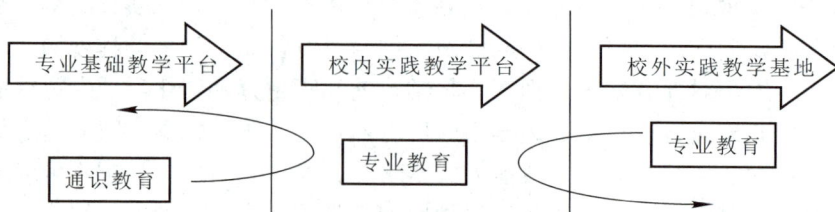

图 4-1　"三线并行""三体合一"的融合实践平台课程体系

1）专业基础教学平台

通常来说，高校的课程包括专业教育和通识教育两大类，因此要从这两个方面进行重新定位与改造，将创新创业理念融入专业教育和通识教育中，构建专业基础教学平台。

对于面向全体学生的通识课程，要在其相应课程中明确授课要求，在课程讲授中融合渗透创新创业内涵，使学生明确自己的专业兴趣，培养其创新创业意识，这也体现了面向所有学生的课程原则。在此过程中，对于创新创业意向明确的学生，在后续的通识教育中要增加创新创业意识培养课程的比重，满足不同学生的需求，充分激发学生的创新思维。对于创新创业意识不明确的学生，可以通过理论宣讲、新闻传播等方式，将创新创业理念渗透到通识教育课程中，在专业基础教学平台中提高学生的创新能力。

在专业教育中，根据不同学科专业的培养需求，增加相关创新创业教育的内容，实现课程渗透，进一步丰富学生的知识结构。在专业知识教育中单独设置创新创业课程，引导学生根据自己的兴趣爱好，在专业内进行创新创业学习和实践。

2）校内实践教学平台

对于通识教育、专业教育和创新创业教育而言，实践都非常重要。因此，有必要构建一个实践教学平台，将创新创业教育融入专业教育和通识教育中。在校内实践教学平台建设中，首先要完善校内实践教学平台的构成体系，在专业基础教学平台的基础上，将专业基础教学融入创新创业实践，合理创建系统的综合性融合实践平台标准课程体系。其次，校内实践教学平台应依托优质资源，通过校内实践实训使学生能够将实践知识技能与专业知识技能相结合，形成多元的创新创业实践活动。再次，利用校内实践教学平台，进行校内跨专业融合，根据个性化人才培养方案，推进专创融合教育。

3）校外实践教学基地

校外实践教学基地要求高校通过产教研深度融合，以创新创业实践来辅助专业教学，积极创建校外实践教学基地，让学生的创新思维真正与现实接轨，进而将创新创业理念和专业知识转化为创新创业技能。校外实践教学基地主要采用三种教学形式：一是以学生为主体，学生针对具体项目，组成专业团队进行实践，学校或社会组织提供对应的专业及技术服务支持，最终促进学生的成长成才。二是以高校为主导，基于高校创新创业学院或者基地，制定以学生为主体的实践项目，实现专业教育向社会生产力的转化。三是以社会为主导，使企业能够借助高校优质的人才资源和科研设备，将实际生产和市场运作中存在的问题反馈给高校，高校为企业提供实际可操作的方案，使学生、高校、企业共同参与其中，实现共赢。

2. 构建融合实践平台的结构体系

专创融合实践平台的内容体系作为开展创新创业教育、培养专业人才的核心载体，其构成状态将直接影响人才培养质量。因此，需要从高校创新创业教育价值取向和专业人才培养方案出发，构建由实践环节和实践特征两大部分组成的"五环递进""三维结合"实践平台内容体系，如图4-2所示，其实质在于增强内容体系的专业性、创新性和实践性。

(1) 根据创新实践流程和专业教育的内容和要求，构建意识激发→定义问题→深度交流→构建原型→测试反馈的"五环递进"的实践环节，根据不同实践环节的目标和要求，通过强化实践环节的指导，培养学生的创新创业意识，在各种创新实践活动中提高学生的专业素养。

五环递进

意识激发 → 定义问题 → 深度交流 → 构建原型 → 测试反馈

| 专业导论
创新创业活动 | 案例讨论研究
创业路演 | 创意头脑风暴
创业角色扮演 | 项目培育
项目孵化 | 市场投放
风险分析 |

三维结合

| 专业性 | 创新性 | 实践性 |

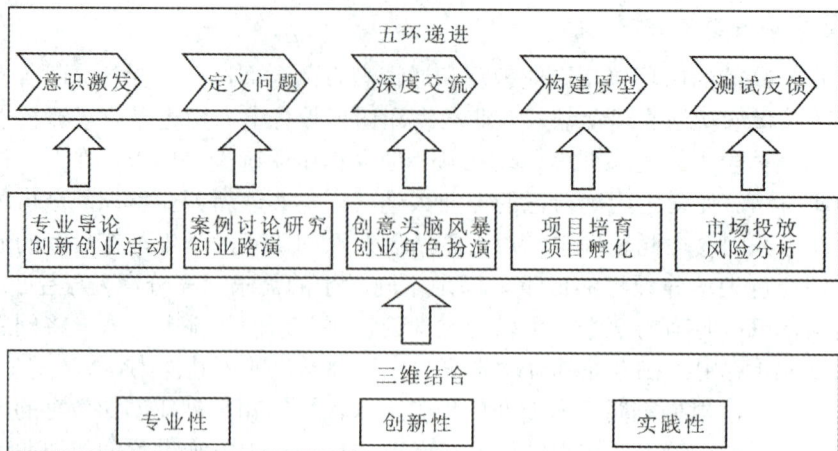

图 4-2 "五环递进""三维结合"实践平台结构体系

(2) 课程内容要强调专业性、创新性、实践性三维特征。创新创业教育已然成为当今高校人才培养的核心,因而,在课程设置上要突出专业性、创新性的特征,这样才能实现"专创教育"的深度融合。具体而言,需主要从以下两个方面出发。第一,要明确两者之间的相关性,在专业教育中,要将专业课程元素与创新创业实践活动联系起来,提高创业实践活动的专业支撑度。第二,在明确"专创教育"之间关联性的同时,要进行课程内容的相互交叉,结合学生个体发展和企业市场的需求,为不同专业的学生定制不同的创新创业方案,满足不同学生的需求。

4.3 专创融合实践活动

4.3.1 广泛开展各种实践教学活动

实践教学活动是学生创新能力提升的重要环节,包括教学实验、实习、实训、毕业论文设计、虚拟仿真、教学模拟等活动。学生们参与实验室活动、专业讲座,到企业进行实习与实训,在导师的指导下进行毕业论文设计等,都或多或少地能够提升他们的创新能力。高校依托重点实验室、企业单位、科研院所、政府部门联合建设学生实习实训基地,形成良好的实习实训基地建设机制,促进师生在认识和实践方面的提升。学生实习实训重在知识和技能的提升、学习创新能力的形成、沟通协调能力培养和动手实践能力的提高等方面。毕业设计(论文)是高校实践性教学最后一个环节,旨在检验学生综合运用所学理论、知识和技能解决实际问题的能力。通过毕业设计(论文)能强化学生的理论知识及实践技能,使学生充分发挥其创造力,提升学生的创新思维。因此,高校应从本科毕业论文设计分组、选题、开题、初稿撰写、修改、查重、提交论文、评阅、预答辩与正式答辩、抽检等环节着手,以培养应用型创新人才为目的,进行探索与实践,加强过程管控和制度保障,切实提升本科学生的实践创新能力。

在各类实践教学活动中，教师要对学生的创新项目、毕业论文设计、教学模拟、教学实验等严格要求。在实际教学过程中，教师可以吸收部分学生参与教学设计，加强师生互动，以学生喜爱的方式进行教学，激发其创新思维。对于一些课程作业，可以以实践作业为主，鼓励学生将传统的课程理论教学与实践教学紧密结合，使学生在完成作业时渗透专业实践，变被动接受型学习为主动吸收型学习，激发学生的主动创造性思维。各种实践教学创新活动应以学生创新能力的提升为目标，重在培养学生的动手实践能力和发散思维，引导学生多层次思考和探究。同时，对于一些综合项目和重点课题，要引导学生组成团队、分工协作，共同完成实践教学任务。

4.3.2　打造"院级—校级—市级—省级—国家级"层层递进的实践竞赛体系

创新实践竞赛是推动大学生创新能力提升的动力和源泉。竞赛题目要注重解决实际应用问题，要在竞赛作品中不断融入新思想、新学科、新方法、新技术和新技巧，鼓励学生进行创新设计。大学四年，全程开展多样化的创新实践竞赛，将会使学生的专业能力得到快速提升。

实践竞赛等级可以分为国家级、省部级、市厅级、校级和学院级等五级。国家级竞赛由科技部、教育部以及国家一级学会主办的各类大学生竞赛活动等为主；省部级竞赛是指以省级科技部门主办的大学生创新竞赛活动；市厅级竞赛是指省级教育行政管理部门及省级学会主办的大学生金融学竞赛活动；校级竞赛是指由学校等组织的各类竞赛活动；学院级竞赛是由大学生所在的二级学院组织的竞赛活动。学生在参与实践竞赛的过程中，需要对专业理论知识或行业实际问题进行详细分析，不断优化自己提出的解决方案。

不同等级的实践竞赛激发不同的创新，通过构建"院级—校级—市级—省级—国家级"层层递进的实践竞赛体系，可以让学生探究实际问题的能力得到不断提升。学生提出、优化问题解决方案的过程是科学探索与研究的过程，可以极大地激发学生的创造性思维和思考问题的潜力。同时，通过实践竞赛可以使学生主动发现问题，在以后的学习过程中带着相关问题重新在课堂学习，从而有效加深对所学专业知识的理解。竞赛不仅可以使学生的实际动手能力得到较好的提升，而且还能培养学生专业知识以外的能力，如心理压力承受能力、团队协作能力和沟通能力等，进而促使创新实践竞赛成为大学生创新能力提升的重要动力和源泉。

4.3.3　打造"兴趣小组—教师工作室—大学生创新创业项目—创新创业竞赛"四级孵化体系

1. 课外兴趣小组

高校专创融合教育不仅要求学生掌握专业基础理论知识，更注重学生创新意识的培养。课外兴趣小组作为实践创新的孵化器，是大学生参与科研活动的有效途径之一。高校开展兴趣小组活动具有三个方面的作用：

(1) 有利于加强学生对课堂学习的理解。高校学生在认真抓好课堂学习的同时，参加课外兴趣小组能有效利用课余时间弥补教学内容更新滞后的不足。几十分钟的课堂教学往往无法使学生真正理解书本的知识点，而课外兴趣小组可以将枯燥的理论知识具体化、形象化，有助于学生更加透彻地掌握所学知识。

(2) 有利于培养学生的实践创新能力。课外兴趣小组是一项重要的创新实践活动，通过课外兴趣小组的定期培训，学生在指导教师的带领下，逐渐学会利用科学研究的方法解决相关问题。从课题的选定到研究意义的探讨，从发现问题到解决问题，学生的科研创新能力可以得到逐步提升。

(3) 有利于培养学生的团队协作能力。课外兴趣小组是一个促进交流、加强合作的有效载体。兴趣小组以兴趣为前提和基础，不限年级和专业，促进了各层次、各学科学生之间的相互交流，并通过组内成员的优势互补，推动了学生之间平等、互助、协作关系的建立和发展。

2. 教师工作室

专创融合教育质量与教师创新创业实践能力的高低息息相关。高校的专业教师需要积极参与校内外开展的创新创业教育实践活动及培训，丰富其自身创新创业教育理论知识，积累创新创业活动实践经验，将创新创业内容融入专业教育中，不断提升专业教育教学水平。通过成立教师工作室，可以有效提高专业教师的创新创业教育教学能力，促进专业教育与创新创业教育的有效融合。

高校教师工作室的主要目标是提高学生团队的专业技能，培养学生的创新思维，增强其专业竞争力。高校教师工作室主要开展的工作任务包括课程实训、实践竞赛、大学生创新创业项目、校企项目等。其中，课程实训与实践竞赛相结合，是我们比较熟悉的传统模式，也被称为"以赛促教、赛教融合"。高校教师工作室应当成为人才培养的创新模式，作为校、企、政、行"四方联动"的桥梁，实现资源互换和成果转化，将实践竞赛的参赛项目作为课程实训的成果，学生完成课程实训的同时，还可以收获实践竞赛证书；实践竞赛证书＋实训成果作为校企项目的基石；校企项目的开展又可以作为大学生创新创业项目的研究基础。四者之间相辅相成，密不可分。高校应当发挥教师工作室的作用，将专业教育立体化、经济化，学生在学习过程中逐步形成创新思维，使其创新能力得到有效提升。

3. 大学生创新创业项目

2015 年 5 月国务院办公厅印发的《关于深化高等学校创新创业教育改革的实施意见》中明确提出"要把深化高校创新创业教育改革，作为推进高等教育综合改革的突破口"，对高校人才培养目标提出了更高要求。党的十八大报告也明确提出要"以高校毕业生为重点，推进创业促进就业，做好青年就业工作。"大学生创新创业训练计划项目是创新创业人才培养的重要途径，高校要积极鼓励和引导广大学生积极投身创新创业的时代实践，使创新创造成为一种价值导向、一种时代精神。

大学生创新创业项目，是教育部门根据《教育部财政部关于"十二五"期间实施"高等学校本科教学质量与教学改革工程"的意见》和《教育部关于批准实施"十二五"期间"高等学校本科教学质量与教学改革工程"2012 年建设项目的通知》等文件精神而实施的国家级大学生创新创业训练计划，包含国家级和省级两种类别。项目实施的意义，主要是从国家、学校和学生三个角度来诠释。

(1) 大学生创新创业项目有利于为国家培养创新人才。国家竞争力需要高科技产业、创新性产业的支撑，无论是新兴产业的创新发展，还是传统产业的转型升级，都离不开创新创业人才。首先，从人才培养阶段来看，在校大学生是国家最具潜力，也是最应该重点培养的创新创业人才群体。通过创新创业训练计划对大学生进行创新创业培养，增加在校学生参与社会实践的机会，提前给在校大学生提供自主创业的演练机会，可以增强其创新意识和技能。若学生毕业之后选择自主创业，将会有更高的成功率。

（2）大学生创新创业项目有利于创新高校教学方式。高校承载着培养学生成才的重任，在遵循多年办学经验的教学方式的同时，也要与时俱进、积极探索，培养出更符合社会需求的优秀毕业生。重理论轻实践是高校教育长期存在的问题，培养的学生与实际工作需求差距较大，所学的专业理论知识很难直接应用到工作中。高校通过大学生创新创业项目来增加创新创业活动在学业安排中的比重，让学生真正参与到创新创业活动中，深刻理解一家企业从无到有、从小到大的成长过程，以及在此过程中的技术、团队、营销、生产等诸多环节的问题，远远要比课本理论知识学习更直观。同样，教师在实施大学生创新创业项目的教学过程中，积极探索行之有效的做法，更有利于拓宽自己的视野和能力。

（3）大学生创新创业项目有利于学生创业思维的培养。高校学生毕业后，最终都要走上工作岗位，进入企事业单位或自主创业是他们走入社会的主要路径。对于在校大学生来说，如果在校学习期间就能够参与到创新创业项目中，近距离感受创新创业过程的艰辛，那么等他们真正决定要自主创业的时候，就可以提前做好思想和心理准备，特别是在应对和解决创业问题的时候，更能驾轻就熟。对于毕业以后进入单位的学生来说，在创新创业项目中已经提前体验了企业运作的流程，所以更容易理解和接受单位的规章制度；创新创业思维也会使他们更容易在工作中脱颖而出。

4. 创新创业竞赛

《国务院办公厅关于深化高等学校创新创业教育改革的实施意见》明确指出，要全面深化高校创新创业教育改革，深入实施大学生创新创业训练计划，支持高校举办各类科技创新、创意设计、创业计划等专题竞赛。也正是在 2015 年，首届中国"互联网＋"大学生创新创业大赛顺利举办，并且一直延续至今，成为高校大学生创业就业能力培养的重要基石。高校开展大学生创新创业竞赛能有效培养当代大学生的创业就业能力，其作用有以下四个方面。

1）有助于提高大学生创业就业能力

开展大学生创新创业竞赛，一方面是为了落实国家关于创新创业教育的要求；另一方面，是为了培养大学生的创业就业能力。一般而言，大学生参加创新创业竞赛，需经过一系列诸如组团队、定项目、写商业计划书、项目孵化等环节。在此过程中，大学生能够切身感受创业的每一个步骤，从而对创业就业有更为深刻的认识。

2）有助于创业就业理论和实践相结合

大学生在参与创新创业竞赛的过程中，可以将自身所学的理论知识转化为实践经验。自首届大学生创新创业竞赛举办以来，高校创新创业竞赛已经成为大学生创业项目的试金石。大学生通过参加创新创业竞赛，不仅能提前实践手中的创业项目，及时发现和改进创业过程中存在的不足，而且能充分运用理论知识，加深对所学知识的理解，并为后续创业就业活动带来保障。

3）有助于推动创业就业项目市场化

大学生创新创业竞赛经过多年的发展，其评审机制逐步由高校自主评审，转变为政府、社会、企业等不同组织的联合评审。与此同时，社会上许多风投机构在了解大学生创新创业竞赛的价值后，纷纷开始寻求与高校合作，联合举办竞赛活动。这种联合评审和多元竞赛的方式，一方面能让大学生接触更多领域、更多专业人士的意见和建议；另一方面，能让大学生的创业项目直接接受市场检验，进而推动大学生的创业就业项目市场化发展。

4）有助于营造良好的创业就业氛围

在高校中，创新创业教育属于隐性过程，大学生很难切身体会到创业就业氛围。而高校通过举办创新创业竞赛，可以让大学生直观、近距离地感受竞赛的过程，从而在校园内营造良好的创业就业氛围。另外，大学生长期融入此氛围中，能用更加理性、客观的心态看待创业和就业。

倡导实施"学校主导、学生自主、教师参与、企业介入、政府扶持"的创新创业实践教育运行方式，面向有创业意愿的学生，集合创新创业团队、创客指导服务、孵化转化为一体，实现"兴趣小组—教师工作室—大学生创新创业项目—创新创业竞赛"，形成链条式创新创业人才孵化体系，具体包括以下几个方面：

(1) 组建跨学科跨专业学生团队。每年重点支持和培育一批跨学科、跨专业创新创业学生团队，把学生创新创业团队作为挖掘学生参加各级各类创新创业和学术科技类竞赛、申报各级各类大学生创新创业训练计划项目的"蓄水池"和"加油站"，把学生创新创业团队业绩折算为创新创业学分，对学生创新创业团队取得的各类专利、高水平期刊学术论文、有较高价值的社会调查研究报告和实践活动等成果予以表彰奖励，对有潜力的学生创新创业团队进行重点扶持，优先进驻创客空间和大学科技园区，为其提供创新创业指导和孵化服务。

(2) 支持学生团队进驻创客空间。学校自建校级创客空间；认定一批具有学生课外研究性学习、发明制作、项目研发等科技创新活动实验实践的训练中心、实验室、科研平台和基地为院级创客空间，面向全校师生开放，为学生提供将奇思妙想转化为现实产品的场所。

(3) 构建全链条创新创业孵化服务体系。完善大学科技园"创意→创业团队→创业苗圃→孵化器→加速器"的创新创业孵化服务模式，为不同发展阶段的大学生创新创业项目提供个性化、针对性全链条服务。

4.3.4 高校大学生创新创业实践及竞赛成果展示

近年来，很多高校在创新创业教育改革中，大胆探索，勇于实践，取得了丰硕成果，本节以江苏某应用技术型高校（以下称 S 高校）为例，分析总结该校创新创业教育改革实践的成果，以期为其他高校专创融合教育的开展提供可行性的路径参考。

作为一所独立学院，该校在转型发展浪潮中，不断求新求变，把创新创业教育落在实处，通过中兴通讯学院、智能制造学院、江苏旗袍学院等行业学院平台建设，促进了专业教育与创新创业教育的融合发展。

1. 搭建"政校行企"深度融合的集成平台

搭建"政校行企"平台的功能主要体现在三个方面：一是在协同育人方面，学校除为学生提供专业课程培养外，还努力拓展相关平台人才培养渠道，如建立校内外创新创业实训基地，为学生开展实习、实验实训、创业实践等活动提供平台支撑。二是在协同服务方面，学校积极对接各方资源，与合作各方共享人才、资源等服务。近几年来，开展创新创业讲座、沙龙等活动 30 余场，为有意向创业的学生提供咨询辅导、创业资金等政策扶持。三是在协同创新方面，平台为"政校行企"共同承担创新创业相关课题项目等提供了很好的机会和条件，目前学校已承担了教育部产学合作创新课题、省大学生创新开放课题等多项研究工作。

2. 组建"双重身份、双师双能"的教师团队

专创融合教育的改革发展促使学校建成了一支"双重身份、双师双能"的教师团队，这支队伍的优势主要体现在三个方面：首先师资队伍结构"双师双能"，全职引入行业企业技术骨干等精英人才，与学校自有教师组成"双师双能"结构队伍，在应用型人才的培养中相得益彰，切实提高了人才培养的精准性、针对性、适切性和有效性。其次，实行双院长制、双专业负责人制。行业方负责人真正"懂行"，对行业需求做准确判断；学校方负责人将行业需求明确转化为教学行动；双方共同研讨，共同治理，共担责任，切实增强了创新创业教育和专业教育深度融合的实效。最后是教师和企业工程师"双重身份"，全程深度参与专业课程教学、实验实训指导、创新创业课程能力训练等，引导学生参与创业竞赛等实践活动；学校给予教师和学生相关优惠政策，切实激励了教师工作及学生参与的主动性。

3. 搭建平台促进创新创业教育融入人才培养体系

学校把创新创业能力的培养和创新创业实践作为专业建设的重要目标之一，将创新创业教育融入人才培养体系，注重培养学生创新精神，大力推进学生自主创业，加大创新创业场地建设，发挥服务区域经济发展的作用。

1）促进创新创业教育

创新创业教育课程贯穿大学教育全过程，学校既强调创新创业理论知识的学习，又强调创新创业意识的引导。因此，在课程设置上，企业讲师与学校老师共同进行创新创业课程的开发，课程结合学生创新创业的实战案例，以实际项目为参考，制定适合学生特色的创新创业课程体系。目前，学校已规划制定出创新创业课程学期教育计划，有《创意思考与能力训练》《大学生创新创业实战案例》《创业中的商业知识及应用》等多门创新创业课程。同时，学校整合政校企资源，建立创新创业导师人才库，定期聘请实务领域创新创业导师开展讲座，为创业学生提供创业辅导。

2）提升学生创新创业能力

在提升创新创业能力方面，学校主要从两个方面着手。一是建立专业兴趣小组和专业工作室，多维度、深层次地开发学生的创新创业能力。学校以专业兴趣小组为起点，对学生进行创新创业能力培养。兴趣小组均由专业老师辅导，以学期为单位，以学生为主体，从通信工程、机械工程、物流管理、旅游管理、服装设计与工程等多个专业方向建立兴趣小组，提升和锻炼学生的动手实践能力和科研创新能力；在兴趣小组基础之上，学校鼓励具备一定专业能力的学生或团队成立专业工作室，工作室侧重于项目的开发、对外交付和参加各个级别的创新创业大赛，循序渐进，逐步提升。二是鼓励组织学生参加各级别、类型的创新创业大赛，强化创新创业实践能力。学校每年会定期举办面向全体学生的创新创业竞赛，通过学生自行组队的方式，提升学生创新意识、创新能力及专业素养，为参加省级大赛打下基础。在比赛过程中，学校会给参赛团队配备指导教师，学生在老师的指导下完成创业方案、商业策划书、路演汇报等多个环节，让学生在实际操作过程中逐步了解如何规划一个创业项目、如何定位项目目标及后续实施，将理论知识与实践运用结合起来。

近两年来,学校共有 1000 余个创新创意项目在全国互联网+大学生创新创业平台进行申报,并在进一步的比赛中获得多项优异成绩。同时,学校也会通过竞赛来挖掘具有潜力的项目进行打造,帮助创业团队进行项目运营或人员组合,共同推进项目落地。

3) 构建创新创业实践平台

在加强学生创新创业能力培养的同时,学校也积极主动整合校内外资源,联合校外创新基地、孵化器进行合作,构建校内外创新创业实践平台。目前,学校与苏州某创业孵化基地、苏州某大数据应用基地签订合作协议,进行长期联合培养,为学生营造更好的创新创业氛围,提供更优质的实践平台,给学生的创业和实践带来了更多的发展机会。

综上所述,专业教育和创新创业教育相互融合(专创融合教育)给传统学校发展模式注入了新的活力,已成为高校创新发展的一个重要模式。高校通过专创融合教育更好地服务社会、学生和国家,人才培养成效也将真正实现融合与共赢。

4. 大学生创新创业比赛成果展示

经过几年的研究与实践,学校在创新创业教育工作上取得了初步成果:学生创业工作室运营稳定,启创工作室、山竹定制开发工作室、新梦想家西服工作室等多家自主创立的学生工作室已建立了持续的运营体系;在校学生注册的企业稳定运营,多次参加省市级大赛并斩获多个奖项。

1) 中国"互联网+"大学生创新创业大赛

中国"互联网+"大学生创新创业大赛,是由教育部与各级政府、各高校共同主办的一项技能大赛,目前已然成为高校创新创业竞赛的标杆型竞赛。自 2015 年该竞赛举办第一届以来,学校从最初的每年几十个参赛团队增长为上千支参赛团队,经过不断的积累和提升,S 高校在江苏省省赛和国赛的获奖数量逐年增加。以 2022 年第八届"互联网+"大学生创新创业大赛为例,该校报名参加江苏省省赛的共 10 支队伍,经过激烈角逐,共获得省赛一等奖 3 项,省赛二等奖 4 项,省赛三等奖 3 项,获奖项目如表 4-1 所示,获奖证书如图 4-3 所示,其中"微觅科技——知识图谱产业应用开拓者"闯入江苏省四强争夺赛,最终晋级全国赛并获得国赛铜奖,为该校历年来竞赛获奖成绩创下了新高。

表 4-1　2022 年 S 高校参加江苏省第八届"互联网+"大学生创新创业大赛项目名单

序号	项目名称	赛道	组别	获奖等级
1	微觅科技——知识图谱产业应用开拓者	高教主赛道	初创组	省赛一等奖
2	运动控制切割精密机器人的开发及产业化	高教主赛道	初创组	省赛一等奖
3	感"蟹"有你——乡村振兴致富路上的蟹团长	红旅赛道	创业组	省赛一等奖
4	云衣国际——匠心中国	高教主赛道	创意组	省赛二等奖
5	大禹——纳米耦合材料的河道修复领航者	高教主赛道	创意组	省赛二等奖
6	"大柴湖"变"大财湖"的青春力量——全国最大移民安置区乡村振兴的领航者	红旅赛道	公益组	省赛二等奖
7	高精度 AI 水质探测领航者	高教主赛道	初创组	省赛二等奖
8	译语 AI——气象信息无障碍服务建设者	高教主赛道	初创组	省赛三等奖
9	创味小智——超芯联 AI 智能厨房	高教主赛道	创意组	省赛三等奖
10	夜郎自夸——"黑珍珠"照亮黔南布依之光	红旅赛道	公益组	省赛三等奖

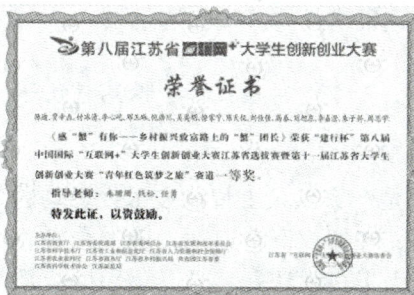

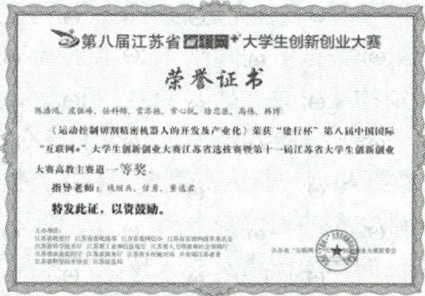

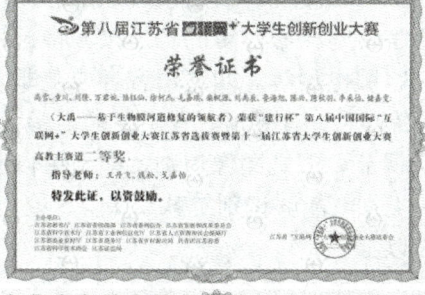

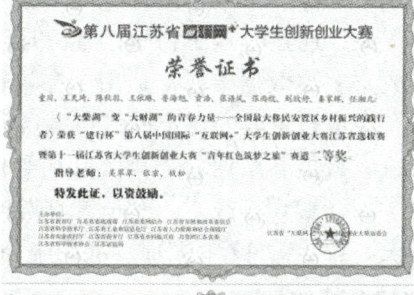

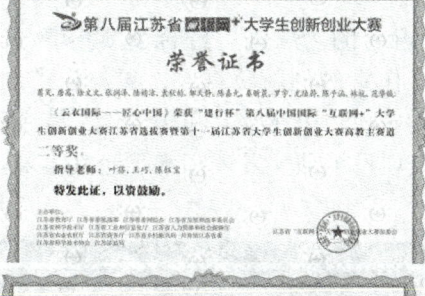

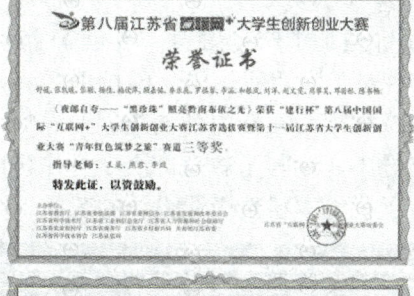

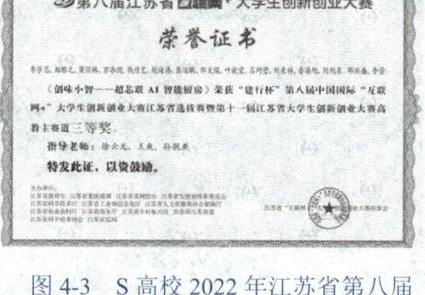

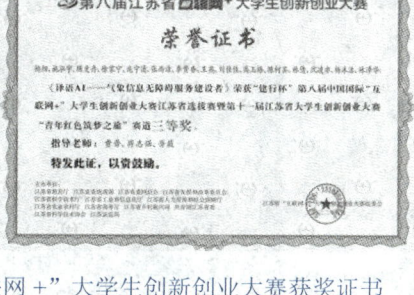

图 4-3　S 高校 2022 年江苏省第八届"互联网＋"大学生创新创业大赛获奖证书

高校优秀的创新创业项目离不开专创融合教育的引导和培育，上述的 S 高校在江苏省"互联网＋"大学生创新创业大赛中表现出色的项目都体现了这一特征。以下选取三个优秀项目成果作具体分析和展示。

项目一：微觅科技——知识图谱产业应用开拓者

项目简介：

微觅是一家以人工智能技术为驱动的公司，自主研发了搜索引擎、对话机器人、知识图谱、语义理解、语音识别、语音合成等。思知机器人采用了基于知识图谱的语义感知与理解，致力于最强认知大脑。思知搜索是新一代的认知搜索引擎，通过自主研发的人工智能技术，对互联网数据进行学习，对知识进行思考与理解，拥有先进的语义感知与理解能力。微觅的数据优势在于：集成百亿级中文网页，日处理数据多达几十 TB；监控全球 20 亿网站，每天百亿级别的数据处理能力，每天数亿级别的爬虫数据抓取能力；千亿级别知识图谱数据，大数据支撑下的实体属性关系，具备大规模知识推理技术。微觅的核心技术有以下五个方面。一是自然语言处理技术，即基于大数据和用户行为深度学习技术，提供分词、词性标注、命名实体识别等，全面支撑机器对基础文本的理解与分析。二是知识图谱，即基于自然语言处理技术，结合基于大数据挖掘产生的知识图谱及相关技术，对人类自然语言进行分析、理解、生成、翻译，实现自然的人机对话交互。三是语音识别，即基于深度神经网络框架，通过全双工协议，建立应用于语言转写核心引擎的长连接，将音频流数据实时转换成文字流数据结果，适用于会议记录、客服电话等。四是语音合成，即采用第三代情感语音合成技术，为客户提供自然、流畅、高音质、有感情、有温度的语音合成服务，并支持音色、音量、语速、停顿、分词等自定义调节。五是图像识别，即采用自然语言处理＋深度学习图像识别技术，看懂并理解网站的类别，能够识别贷款、保险、论坛、资讯、影视、小说、音乐等 49 个类别，准确率高达 95 以上。

专创融合特色：

该项目是基于产创融合、专创融合、赛创融合的"三创"融合创新培养模式（见图 4-4）。创始人在校期间，作为学校追梦人双创工作室的创新负责人，参与各类创新竞赛，获得了多项奖项，在校内外创新创业导师、学业导师、毕业实习和毕业论文校企双导师等的共同指导下，参与了教育部产学合作协同育人项目 1 项，发表高水平论文 1 篇，其毕业论文获得了优秀本科生毕业设计的荣誉。

图 4-4　产创融合、专创融合、赛创融合的"三创"融合创新培养模式

项目二：感"蟹"有你——乡村振兴致富路上的"蟹"团长

项目简介：

该项目围绕农村大闸蟹产业发展，以科技为支撑、销售方式创新为主线，培养行业人才，传承中华蟹文化的新模式，致力于解决阳澄湖围网面积不断缩减、大闸蟹养殖维护成本高昂、销售体系不完善、经营发展模式单一、产业转型升级迟缓、产业创新人才稀缺、文化传承意识不足等一系列痛点问题，采取了"以蟹为链，推动乡村产业融合发展"的解决方案，从养"健康蟹"发展成为"蟹经济"，做足"蟹文化"，努力推动蟹产业与蟹文化的互动融合，充分展现了高校学子的社会责任和公益热忱。

专创融合特色：

学校坚持以赛促教、以赛促学、以赛促创，该项目在开展过程中，扎实推进实践育人工作，致力于打造沉浸式社会课堂(参见图4-5)。创始人和团队成员多次参加各级各类的创新创业大赛，斩获多个奖项。创始人公司壹只蟹大闸蟹(苏州)有限公司被授予了校地合作"大学生社会实践基地"及"教育部—中兴通讯ICT产教融合创新基地"，为专创融合的开展搭建了平台。学校成立了感"蟹"有你实践团，定期引导大学生参与社会实践活动。项目累计带动5名学生入伍，2名学生创业，23名学生入党。

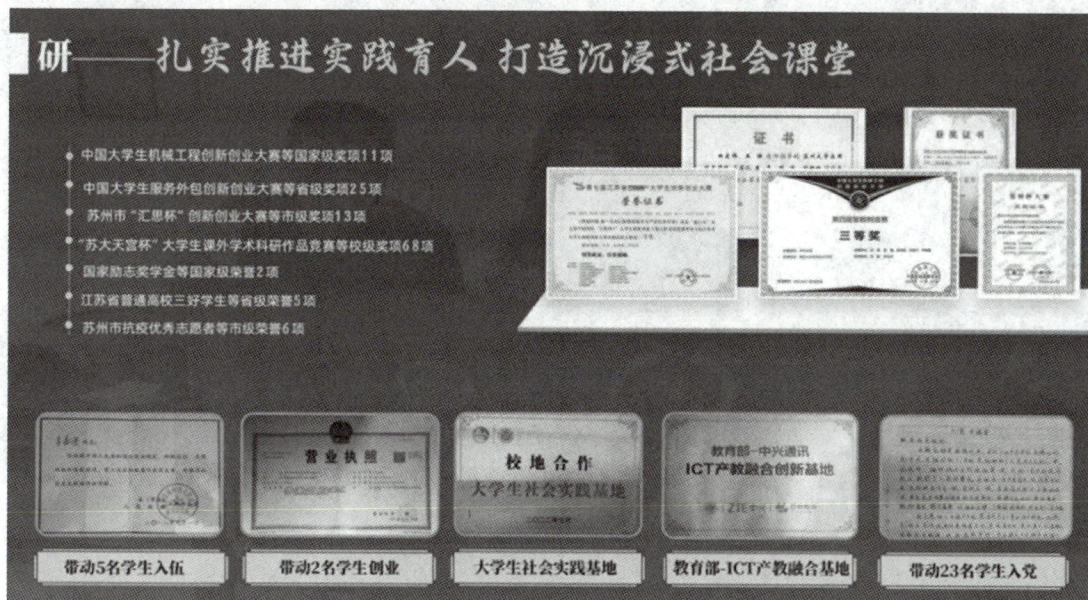

图4-5　"以赛促教、以赛促学、以赛促创"实践育人体系

项目三：运动控制切割精密机器人的开发及产业化

项目简介：

该项目以智能制造为主题，自主开发运动控制切割精密机器人及产业化。由于传统切割线工艺具有效率低、精度低、污染环境的缺点，而且价格昂贵、能耗低、耗费水沙，后期维修费用高。通过技术革新，项目采用通用运动控制(GMC)和标准CNC工艺包实现了

多轴柔性切割系统控制，满足循环切割的要求。同时其切割方式为水冷却，切削液环保无污染，加工过程洁净。在 GMC 架构下，执行机构将不受限制，客户完全可以根据实际应用的需要，根据成本优化原则选择不同的执行机构作为系统的执行单元。该切割机器人的切割丝直径达到 0.5 mm ～ 3 mm，切割速度为 2000 m²/min，线速度为 10 ～ 20 m/s，表面精度为 0.8 μ。

专创融合特色：

该项目利用学校创新创业工作室传帮带的作用，助力"三创融合"协同育人，依托工学院"互联网 + 中国制造 2025"国家级产教融合基地共建，通过以赛促学助力智能制造人才的培养（参见图 4-6）。创始人和团队成员在校期间，积极参加各类学科竞赛，获得了多项奖项，同时在校内外创新创业导师指导下，依托企业项目，申请软件著作权 8 项，授权专利 3 项，发表期刊论文 3 篇，获得国家级奖项 4 项，省级奖励 30 余项。创始人在毕业后创办新型运动控制切割精密机器人研发和生产企业，累计创收超 500 万元，帮助社会就业 30 多人，开发社会资本融资渠道，获得 800 万元的投资意向。

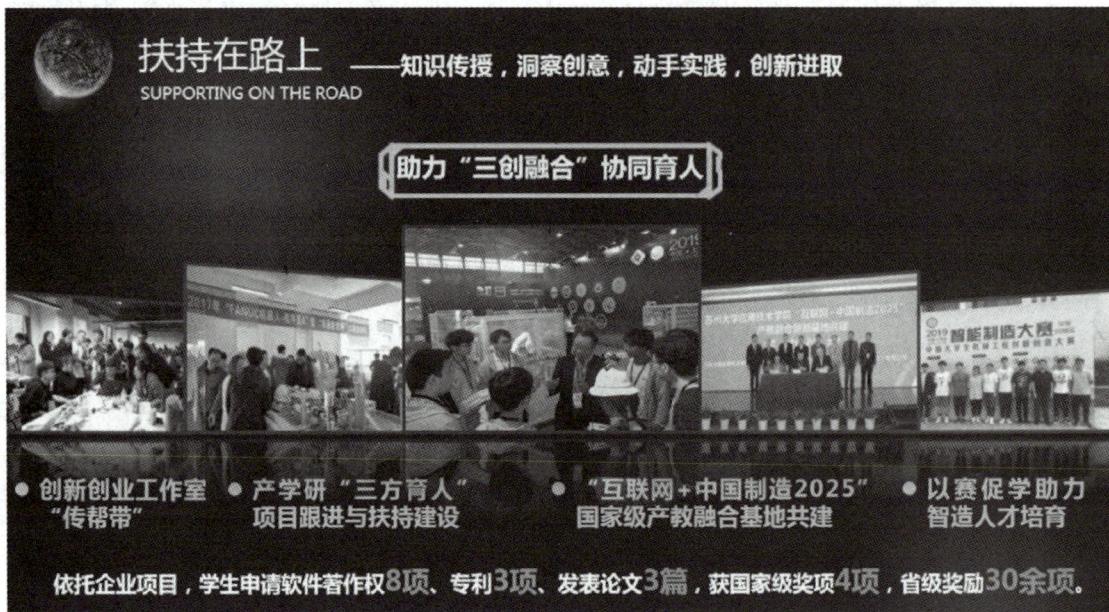

图 4-6　"三创融合"协同育人

2)"挑战杯"竞赛

"挑战杯"全国大学生课外学术科技作品竞赛和"挑战杯"全国大学生创业计划竞赛是团中央重点打造的一项赛事，被誉为中国大学生科技创新创业的"奥林匹克"盛会，是全国最具代表性、权威性、示范性、导向性的大学生竞赛，注重培养大学生的创新精神与实践能力，多措并举提高学生参与课外科技创新活动的积极性和主动性。近年来，在专创融合教育的引导下，S 高校学生积极参加比赛，取得了省赛二等奖 3 项，三等奖 6 项，部分获奖证书如图 4-7 所示。这些获奖证书的取得，体现了学校学生良好的科技创新素养，展现出他们奋发向上的青春风采。

图 4-7 "挑战杯"竞赛获奖证书

3) 中国大学生计算机设计大赛

中国大学生计算机设计大赛由教育部高等学校计算机类专业教学指导委员会、教育部高等学校软件工程专业教学指导委员会、教育部高等学校大学计算机课程教学指导委员会、教育部高等学校文科计算机基础教学指导分委员会、中国教育电视台联合主办，是面向大学生的群众性科技活动，推动高校本科面向 21 世纪的计算机教学的知识体系、课程体系、教学内容和教学方法的改革，引导学生踊跃参加课外科技活动，激发学生学习计算机知识技能的兴趣和潜能，为培养德智体美全面发展、具有运用信息技术解决实际问题的综合实践能力、创新创业能力，以及团队合作意识的人才服务。大赛内容目前分设软件应用与开发类、微课与课件类、数字媒体设计类普通组、数字媒体设计类专业组、计算机音乐创作类、数字媒体设计类中华民族文化组、软件服务外包类等类组。以后将根据需要适当增设竞赛领域，使各大系列的学生都有充分展示其计算机应用与创作才智的平台。

近年来，在专创融合教育的引导下，S 高校学生积极参加比赛，获得了国赛二等奖 3 项，国赛三等奖 4 项，省赛二等奖 5 项，省赛三等奖 6 项，部分获奖证书如图 4-8 所示。这些获奖证书的取得，体现了该校在教学中注重培养大学生的创新能力、协作精神的培养，注重加强学生动手能力的培养和工程实践的训练，提高了学生解决问题的综合能力。

图 4-8   中国大学生计算机设计大赛获奖证书

4) iCAN 国际创新创业大赛

iCAN 国际创新创业大赛是一项鼓励原始创新的国际性赛事，是教育部质量工程支撑项目之一。大赛由教育部创新创业教育指导委员会、教育部创新方法指导分委员会、北京大学、全球华人微纳米分子系统学会、iCAN 国际联盟、共青团联合主办，旨在引导和激励高校学生勇于创新，通过科技创新创业服务于社会、改善人类生活。近年来，该校在"培养具有创新思维、实践能力和职业素养的高层次应用型人才"思想指导下，积极组织和开展各类创新训练与创业实践活动，营造了创新创业的氛围，培养了学生创新精神和创业意识。在竞赛中学生团队获得了国赛三等奖 1 项，省赛一等奖 2 项，省赛三等奖 3 项，获奖证书如图 4-9 所示。

图 4-9　iCAN 国际创新创业大赛获奖证书

第五章　高校专创融合教育质量评价分析与反馈

专业教育与创新创业教育融合的评价机制，是促进专创融合教育发展的关键所在。评价机制的建立，不仅可以有效促进高校教育的专创融合，还可以提高教育质量，促进学生的职业发展和全面发展。本章就高校专创融合教育质量进行评价分析，并针对其中的问题进行讨论，以期为促进专创融合教育的开展提供参考。

5.1　教育质量评价现状分析

5.1.1　专业教育与创新创业教育教学体系脱节

目前，大部分高校的创新创业教育是作为一个独立的体系来进行的。大部分高校仅开设了创新创业基础课程，一般为通识类的必修课程；部分高校成立了专门的创新创业学院或者创新创业专业来专门实施创新创业教育，与专业教育教学体系是相互脱节的。所以很多高校和专业依然是以传统的专业培养方案和教育教学体系为主，在专业课程教学的过程中，重专业基础理论与方法技能的培养，轻创新创业理念的引导与实践能力的锻炼，学生在主修公共课程、专业课程、全校性选修课程的基础上，通过加选"创新创业基础"等相关课程、参加创业设计大赛与企业实践的方式来实施创新创业教育。这种两个教育体系相互脱节的现状，导致的问题主要有以下几个方面：

(1) 创新创业课程教学综合性强而专业深度不够，相关理论、方法与技术无法深入。

(2) 无论是专业课程还是创新创业课程，针对性均不强，相互衔接性不够，学生对课程知识难以融会贯通。

(3) 全校教育教学资源、师资队伍无法全部融合、整合在一起充分运用，造成教学资源和师资的浪费，以及教育教学体系和管理体系的低效运作。由此，专业教育的培养模式和课程教学体系有待改革。

5.1.2　专业课程教学体系以课堂教学为主，实践教学环节薄弱

当前，高校大部分专业课程教学体系的设计主要以理论课程和课堂教学为主，实践和

实训教学环节薄弱，而创新创业意识的培养和能力的训练，需要大量的情景模拟、企业实践和项目锻炼，也就是需要把专业理论知识和方法技能的教学融入创新创业实践活动中。其中很多教学内容是创新创业知识技能中必须掌握的内容，与创新创业教育高度相关，也可深度结合和融合，需要与创新创业实际案例相结合并实施案例教学、实践或实训教学，但在这些专业课程的实际授课中，目前还是以理论教学和课堂教学为主，实践和实训教学的环节相对缺乏。

5.1.3　复合型师资缺乏

当前，高校在师资方面普遍存在两方面的问题：

(1) 高校各专业教师具备扎实的专业理论知识和教学科研能力，但大都缺乏创业经历或者在企业工作的实践经验，在教学过程中往往存在重理论、轻实践的不足，也无法在创业意识与相关技能方面给予足够的指导和引导。

(2) 专职教授创新创业课程和提供创新创业活动指导的教师，通常来自行政部门，或者由原来的专业教师经过短期学习培训后兼任，缺乏系统性的创新创业综合素质与能力的训练，在创新创业专业知识、实践技术与技能方面基础不扎实，加之缺乏创业经验，其讲授的内容过于理论和教条，缺乏创新创业的真实案例和真实经历支撑，对学生能够提供的启迪和指导相对有限。总而言之，目前高校普遍缺乏具备跨学科知识和实践技能的复合型师资。

5.1.4　学生普遍缺乏创新创业意识和动力

首先，大部分高校进行创新创业教育是以开设全校性必修课或者选修课，如"创新创业概论"等课程的形式来开展的，很多学生选课的主要目的是修习课程获得学分，而非真正源于内生性动力与需求而去主动学习和提升。其次，大部分学生对创新创业的核心理念理解不够深刻，认知不够全面，加之缺乏创新创业环境与氛围的营造，缺少创新创业的实践训练和直观参与锻炼的过程，因此，对各种形式和层次的创新创业活动参与的兴趣和积极性不大。

5.2　教育质量评价指标选取与体系构建

5.2.1　教育质量评价指标选取

专创融合教育质量评价指标在一定程度上受社会因素及教育规律的影响与制约，因此，本研究主要根据国家就业创业政策文件、法规中的要点，同时研究中国知网中与就业创业、专创融合相关主题的期刊论文、学术著作等文献，进一步参考本省发布的对高校创新创业教育、专业教育与创新创业教育相关工作指导文件等，共研究筛选得到 54 个相关的评价指标项，具体如表 5-1 所示。

表 5-1　评价指标列表

序号	备选指标	序号	备选指标
1	启动高等院校专业评估	28	教师参与社会行业创新创业实践
2	国家教学标准体系建设	29	有专业教师参与创业教育教学的激励机制
3	高等院校适应社会需求能力评估	30	有行业企业推动高校创业教育的激励机制
4	把创新创业教育融入人才培养全过程	31	结合学校的专业学科特色开展创业教育
5	完善创新创业教育课程体系	32	二级学院的考核包含创业教育业绩指标
6	创新创业导师人才库	33	创新创业中心或类似的机构数量
7	大学生创新创业训练计划项目	34	创业课程的出勤率
8	支持创业学生转入相关专业学习	35	获得创业活动经费的学生覆盖率
9	就业创业指导服务体系建设	36	学校与企业合作的项目数量
10	加强学生职业生涯发展教育	37	有创业经历的教师比例
11	建立创新创业导师联系毕业班制度	38	组织管理与机制保障
12	健全经费投入机制	39	创新创业教学管理
13	优化创业指导服务	40	创新创业教育工作成效
14	加大政策资金支持	41	领导机制和体制
15	多措并举打造"双师型"教师队伍	42	工作机构和工作部门设置
16	推动校企全面加强深度合作	43	工作相关条例和管理办法
17	建设大学生创新创业服务平台	44	修订人才培养方案
18	开展人才培养诊断改进工作	45	师资队伍建设
19	有政府推动高校创业教育的激励机制	46	教学改革与研究
20	跨学院或跨学科的创业教育合作机制	47	平台的建设和管理
21	建有结合专业的创业教育专门课程群	48	创新创业教学活动
22	学生创新成果的增加率	49	创新创业实践平台建设及实践活动
23	参加专创教育课程后的学生创业比率	50	特色亮点与辐射带动
24	学生一次就业增加率	51	发展规划
25	跨学科课程的开设率	52	经费保障
26	学生对创业课程教学质量评价	53	考核激励机制
27	有创业经历的教师比例	54	实践平台建设

通过对 54 个研究指标进行汇总与整理，删除重复的部分指标后，把相似度高的指标进行合并，得到的备选指标集如表 5-2 所示。

表 5-2　备选指标集

序号	备选一级指标	序号	备选二级指标	备选三级指标
1	顶层设计	1	发展规划	发展规划的完成率
		2	修订人才培养方案	建立专创融合的人才培养方案
2	师资队伍	1	教师背景	1. 有创业经历的教师比例 2. 有高级职称及创业相关教育经历的教师比例
		2	创新创业能力	1. 教师到企业挂职锻炼的时长 2. 创新创业专业知识的应用能力
		3	专创融合教育教育能力	1. 专业教育与创新创业教育融合能力及深度 2. 教师参与社会行业创新创业实践活动
3	课程建设	1	专创融合	1. 面向专业岗位群，项目导向、任务驱动、内容充实 2. 熟练掌握专业技能，能有效指导学生实践活动，提高学生的实践技能 3. 结合学校的专业学科特色开展创业教育 4. 二级学院的考核包含创业教育的业绩指标 5. 创业竞赛项目与专业的结合度 6. 创业课程的内容与自己所学的专业知识相结合
		2	教材配套	选用近三年的优秀教材或是教育部推荐的教材
4	教法改革	1	课堂教学	采用线上线下混合式教学，翻转课堂
		2	课外指导	1. 将专创融合相关课程纳入必修课程 2. 成立教研室，集体备课
		3	考核方式	考试方式多样，注重对学生知识运用能力的考察
5	教学管理	1	创新创业课程	1. 建立了分层分类的专创融合教育课程体系 2. 课程内容与时代前沿知识和技术结合紧密
		2	教学研究	1. 开展专创融合、创新创业教育课题研究 2. 发表相关的学术论文、专著、承担国家级、省级相关课题的数量
		3	学分转换	设置创新创业学分转化制度
6	实践训练	1	平台建设	1. 建有创新创业信息管理信息平台 2. 建设校内外的创业实训基地
		2	指导服务	1. 结合专创融合课堂教学开展创新创业指导服务工作 2. 配备专职工作人员
		3	实践活动	1. 创新创业活动的参与率 2. 成功创业的项目数 3. 创新创业活动、竞赛的获奖率
		4	示范基地	结合专业实际建立有校内外的实践教育基地
7	工作成效	1	学生满意度	1. 学生对专创融合教育和相关课程的教学评价 2. 学生参加相关课程、活动的参与度
		2	学生获奖情况	1. 学生在省级以上创新创业竞赛中的获奖情况 2. 学校在创新创业工作中的获奖情况
		3	创新创业文化氛围	1. 学校建设有创新创业教育网站 2. 利用各级各类的新闻媒体，开展创新创业教育宣传
		4	就业创业指导满意度	1. 学生的自主就业、自主创业情况 2. 近三年初次就业率在同层次同类型高校中不断提高
8	特色亮点与实践价值	1	特色亮点	专创融合教育有特色
		2	实践价值	1. 社会影响 2. 学术影响

5.2.2 教育质量评价体系构建

1. 教育质量评价原则

1) 专创融合原则

对于专创融合教育质量评价，在评价的目标设定、指标选取、体系构建的过程中均遵循专创融合原则，以达到通过评价促进高等院校专创融合向纵深发展的目的。专创融合原则的理论依据是三全育人理念、边缘效应理论和岗位创业教育理念，关键是要在评价指标中融合专创融合要素。专创融合的内涵可以依据其发展阶段分为三个层次，具体如图 5-1 所示。第一层是实践探索层，处于专创融合意识萌芽阶段，以专创融合实践活动为抓手，主要表现为少数学生围绕专业参与创新创业实践活动；第二层是理论突破层，处于专创融合理论深化阶段，以专创融合教学活动为抓手，主要表现为个别院系分专业开展专创融合课程；第三层是内涵发展层，处于专创融合理实一体化阶段，以人才培养方案为抓手，主要表现为院校牵头建设专业群，按产业需求开展三教改革。因此，在指标选取过程中，专创融合原则指导评价体系应选取能够评估高校专创融合层次，并能引导其向更深层次过渡的指标。

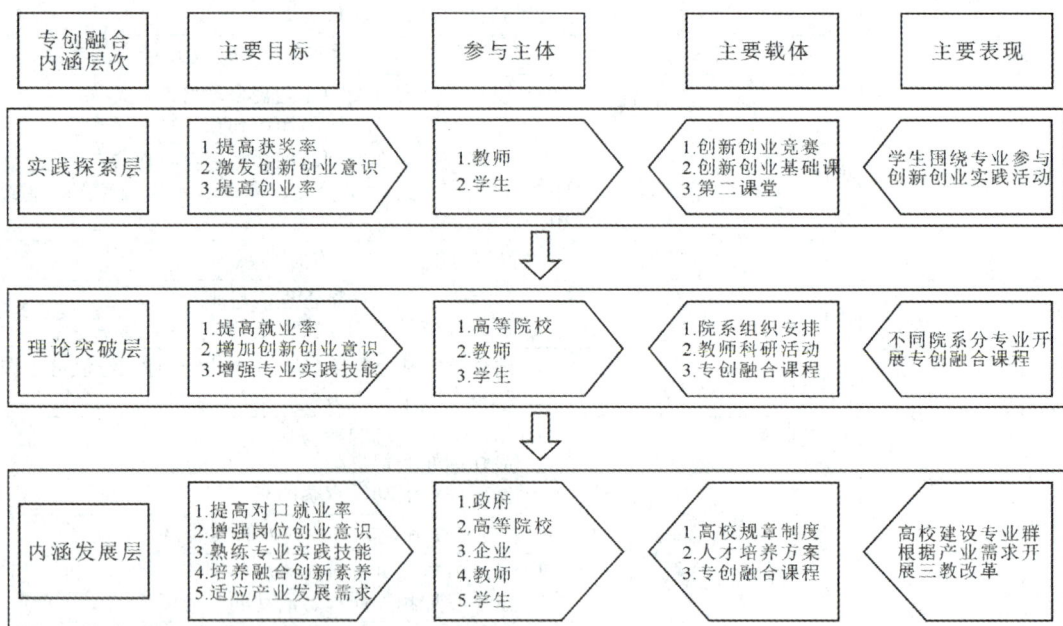

图 5-1 专创融合内涵层次

2) 过程评价与结果评价结合原则

过程评价与结果评价结合原则的理论依据是三全育人理念，强调全过程育人，尤为关注过程评价。过程评价能及时跟踪调整教育活动，评估创新创业教育各方面的动态发展。通过及时反馈，使被评价对象能迅速采取措施，解决问题，保证教育质量。然而，仅仅关注过程是不够全面的，需要结果评价的配合。结果评价是为考察教育目标达成度而对教育活动结果进行的评价。过程评价与结果评价相结合是为了指导创新创业教育目标的设定，不断调节创新创业教育活动过程中出现的问题，使教育活动尽可能达到其预期结果，在发挥调整功能的同时，起到总结作用。

3）全面性与独立性结合原则

全面性与独立性原则的理论依据是三全育人理念，强调全方位育人，尤为关注评价的全面性。在构建评价体系时应全面考虑创新创业教育各个维度，尽可能增强指标选取的完整性。在保证全面性的同时，还要尽可能保证各指标之间的独立性，即同级指标内容和标准不能交叉重叠、不能相互影响，每个指标之间是相互独立的。

4）系统性与特色化结合原则

系统性与特色化结合原则的理论依据是边缘效应理论，强调创新创业教育是包含多个主体的复杂的生态系统，鼓励主体间、专业间交流融合，以触发专创融合的动力。这就要求评价指标需要考虑创新创业教育生态系统中各类主体的互动关系，尤其关注校政企之间共同开展的创新创业教育活动情况，而且要提高评价内容与标准的普适性。此外，还要鼓励高校根据自身优势办出学科特色、专业特色、教学特色等，因此需要设计能够挖掘和引导高校创新创业教育特色的指标。

5）导向性与激励性原则

导向性与激励性原则的理论依据是岗位创业教育理念，强调在创新创业教育中不同程度地融入岗位创业意识、岗位创业知识、岗位创业能力相关内容，引导学生的岗位胜任力与岗位竞争力得到提升。因此，评价指标应对实现教育目标具有导向和督促的效果。构建高校创新创业教育质量评价体系的最终目标就是引导被评价对象重视创新创业教育的实施，并努力提质增效。仅有方向还不够，还需要有充足的动力，这就要求评价体系具备一定的激励性，即对创新创业教育的相关激励机制作出评价，并引导激励机制的完善。

2. 确定指标权重

在确定指标权重这一环节，通过在原指标体系基础上结合评价指标备选集，筛选出指标及相应标准，并构建评价层次结构，然后向创新创业教育领域中的专家学者，以及在创新创业实践活动中表现突出，并对创新创业教育有独到见解的学生代表进行访谈，结合他们的经验与研究者对文献的大量阅读，运用层次分析法计算各个指标间的相对权重，以及整体重要性排序。

将"专创融合教育质量评价"作为决策的目标，置于层次结构的最高层，即目标层。为了实现这一目标，需要从创新创业教育发挥重要作用的教育要素入手，选择合适的方案。"顶层设计""创新创业教学""实践训练""工作成效""实践价值"是采取方案所涉及的中间环节，是方案的属性，它们共同构成准则层。选择具体的对象完成评价活动，是实现决策目标的重要环节，是具体的评价内容和解决评价问题的具体措施，构成了方案层。由目标层、准则层、方案层共同组成的专创融合教育质量评价的层次结构，如图5-2所示。

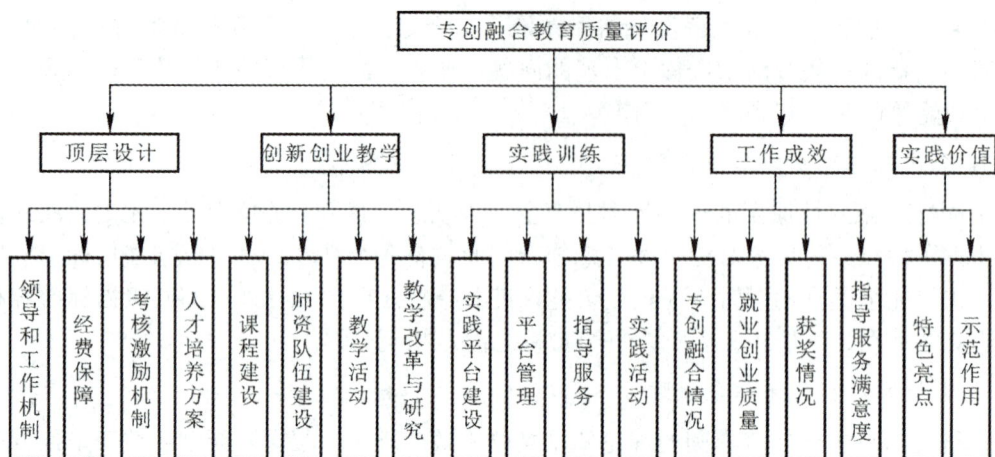

图 5-2　专创融合教育质量评价的层次结构

3. 确定评价体系

在理论研究的基础上，结合备选指标集，对原指标体系进行完善，引导高校专创融合不断深化，确定专创融合教育质量评价体系，如表 5-3 所示。

表 5-3　专创融合教育质量评价体系

一级指标	二级指标	评价标准
顶层设计 (20分)	领导和工作机制	1. 成立专门的工作小组 2. 有明确的工作机制和发展规划
	经费保障	1. 划拨专项经费纳入学校预算 2. 投入专项经费用于激励教师从事专创融合的培训、教学支持，奖励学生参加相关竞赛的奖金等
	考核激励机制	1. 有合理的专创融合指导教育工作量计算方式 2. 设立相应表彰或奖励机制，用于奖励在师生共创中取得成果的获奖教师或作为教师职称评聘、职务晋升的考核内容
	人才培养方案	1. 设立明确的专创融合教育人才培养的目标 2. 促进专创融合，形成与社会互动、特色鲜明的专业教育与创新创业教育融合的人才培养方案
教学管理 (30分)	课程建设	1. 面向全体学生开设产业前沿、创新思维、就业创业指导等必修课或选修课程，纳入学分管理，建立较为完善的课程教学体系 2. 建立专创融合示范课程或优秀课程群，在一定范围内进行宣传推广
	师资队伍建设	1. 建立校内外导师队伍，制定相关的管理和考核制度，明确全体导师的专创融合教育责任 2. 建立导师到行业企业挂职锻炼、参加培训和交流活动等相关制度
	教学活动	1. 设立创新创业学分，学生取得创新创业竞赛、学科竞赛、科创项目、发明创造等成果纳入学分管理 2. 学生创新创业成果在评优评先、奖学金认定等工作中予以加分
	教学改革与研究	1. 翻转课堂，广泛开展线上线下混合式、启发式、讨论式、参与式教学，实现专业教育与创新创业教育深度融合的实践教学体系 2. 承担创新创业教育、专创融合教育等相关科研课题，在各级各类公开发行的刊物上发表相关论文

续表

一级指标	二级指标	评　价　标　准
创业实践 训练 （20分）	实践平台建设	1. 建设有校内、校外的学生创业实践场地或基地； 2. 为大学生创业实践活动提供全方位的配套服务，学生满意度高
	平台管理	1. 校内外创新创业实践场地、基地，学校的实验实训室等资源面向学生开放； 2. 设立相关的管理规章制度，设置准入条件
	指导服务	1. 建立较为完善的创业指导服务体系，面向全体学生开展指导服务； 2. 对于有创业意向和创业潜质的学生能够实行持续帮扶，助力学生成功创业
	实践活动	1. 联合校政行企建立全方位、多层次的创新创业实践活动机制； 2. 开展各级各类创新创业竞赛、创业模拟实训、创新创业项目研究，通过学生组织或社团，开展讲座、论坛等交流活动，参与学生覆盖率高
工作成效 （20分）	专创融合情况	1. 能结合自身定位和学科特色开展专创融合教育； 2. 各二级学院专业设置与创业教育联系紧密
	就业创业质量	1. 近三年学生初次就业率与同层次同类型高校相比居于较高水平，就业质量和满意度较高； 2. 在校生和学生毕业后创业人数比例明显增高，拥有一批成功创业的典型案例，在校内外开展广泛宣传
	获奖情况	1. 学生在各级各类创新创业竞赛中获得省级以上获奖的数量； 2. 学校的创新创业工作获得省级以上表彰或奖励
	指导服务满意度	1. 专创融合教育和指导服务水平及学生满意度在同层次同类型高校中，居于较高的水平； 2. 学生对创新创业课程、专创融合课程等满意度高
实践价值 （10分）	特色亮点	1. 专创融合教育的理念、机制、课程建设、师资队伍建设、教学改革、平台建设、指导服务、保障措施等方面特色鲜明、效果显著； 2. 对学生就业创业，提升人才培养质量具有良好的促进作用
	示范作用	1. 在同层次同类型高校中居于前列，起到较好的示范作用； 2. 其实践经验可复制、可推广至其他更多的高校

5.3　教育质量评价体系应用

5.3.1　教育评价访谈

以江苏某高校为应用对象，通过访谈，同时依据学校发布的文件以及学校新闻进行评价研究，检验本书所构建的高校专创融合教育质量评价指标体系的可行性。该高校以"专创融合"作为创新创业教育改革的出发点和落脚点，积极推进专创融合教育，促进应用型人才的培养。为保证访谈内容的全面性、可靠性，在访谈前对不同身份的、具有代表性的访谈对象进行细分，如表 5-4 所示。编者对该校的二级学院院长、专业负责人、创新创业中心负责人、创新创业中心专职教师、二级学院创新创业负责人或教师、创新创业协会会长、创业团队在校生或毕业生、非创业团队成员在校生进行了访谈，目的是全员参与对专创融合教育进行评价，全面了解专创融合教育的成效和不足之处，为后续工作的开展提供宝贵经验，同时也便于检验访谈者谈话的可靠性。在访谈过程中，访谈时间为 20 ～ 80 分钟不等，全程采用笔记和录音的方式进行记录，再辅以对院校现场考察、文件资料查阅等多种方式，对其专创融合教育质量进行评价，并根据评价结果提出改进措施。本研究主要采用面对面形式的访谈来获取所需信息，开展探索性分析，利用所获取的一手资料，用归纳总结的方法，对现象加以分析整理，从而发现问题，获得实质性理论。

表 5-4 访谈对象情况

分类依据	分 类	访谈对象
身份	二级学院院长	2 人
	专业负责人	3 人
	创新创业中心负责人	1 人
	创新创业中心专职教师	1 人
	二级学院创新创业负责人 / 教师	3 人
	创新创业协会会长	1 人
	创业团队在校生或毕业生	2 人
	非创业团队成员在校生	2 人
性别	男	8 人
	女	7 人

通过与相关人员的交流访谈、文件资料查阅、现场参观、新闻媒体报道获取一手资料，根据实际情况对该高校进行计分，结果如表 5-5 所示。该高校得分为 82.5 分，具体扣分点主要集中在顶层设计、教学管理和创业实践训练等过程中，体现出高校在开展专创融合教育过程中所面临的问题。

表 5-5 高校专创融合教育质量评价计分卡

项目	指标及分值	得分	备注（扣分项）
顶层设计 (20 分)	领导和工作机制 (5 分)	5	无
	经费保障 (5 分)	4	-1，没有定期安排教师参与培训
	考核激励机制 (5 分)	4	-1，没有相对独立的针对创新创业教师的晋升机制
	人才培养方案 (5 分)	4	-1，未开展专业群建设
教学管理 (30 分)	课程建设 (10 分)	10	无
	师资队伍建设 (10 分)	6	-1，无创新创业师资队伍建设规划方案； -2，创新创业学院有创业经历教师比例、有创业及工商管理等培训经历教师比例、高级职称人数比例分别低于 30%； -1，未落实每年至少一个月在企业或实训基地实训
	教学管理 (5 分)	4	-1，校企合作办学班级学生满意度低于 90%
	教学改革与研究 (5 分)	5	无

续表

项目	指标及分值	得分	备注（扣分项）
创业实践训练（20分）	实践平台建设（5分）	5	无
	平台管理（5分）	5	无
	指导服务（5分）	3	−2，创业导师队伍未能按照"专业导师"和"创新创业导师"两部分组成
	实践活动（5分）	3	−1，无全校范围内模拟创业、科技创新等活动 −1，参加创业实践活动的学生覆盖面未超过80%
工作成效（20分）	专创融合情况（5分）	4	−1，全校90%以下的二级学院专业设置的主干课程含创新创业相关课程，仅有个别二级学院将培养目标与创新创业精神与能力联系起来
	就业创业质量（5分）	4	−1，就业创业的数量少，质量有待提高
	获奖情况（5分）	5	无
	指导服务满意度（5分）	4	−1，对学生的就业创业指导有待提高，资助力度不够
实践价值（10分）	特色亮点（5分）	4.5	−0.5，专创融合教育特色不够鲜明
	示范作用（5分）	3	−2，示范引领作用有待提高
合计		82.5	扣分为17.5

5.3.2　专创融合教育质量影响因素

由表5-5的数据可知，该高校开展专创融合教育的影响因素有以下五个方面。

1. 专创融合教育理念不统一

目前，高校专创融合教育氛围整体不够浓厚。根据高校教师访谈结果可知，专创融合教育尚未有一个全校统一的理念来支撑相关的教学改革，教师在开展专创融合教育的过程中只是按照上级安排来进行，工作内容仍然是指导学生团队参加创新创业竞赛。另外，根据学生访谈结果可知，大部分学生对专创融合教育的概念和内容不了解，导致对专创融合教育的认知只能停留在"把创新创业教育融入专业教育"的概念层面。因此，由于教育理念的不统一，很难激发学生的学习积极性。

2. 人员配备不足

参照教育部要求每500名毕业生至少配备1名就业专职人员来看，我国很多高校正处于专职人员紧缺的状态。在访谈过程中，笔者了解到该校创新创业中心的专职教师承担的不仅仅是创新创业教育相关的工作，还有许多与此无关的行政性工作任务，这些繁重的任务加在本就人手不足的部门头上，导致他们需要经常加班，严重削弱了创新创业中心内部专职教师的教学精力与热情，大大压缩了其进行教育教学研究和备课的时间。

3. 创新创业导师的专业程度不高

由于创新创业中心的专职教师并不具有商科专业背景，对法律、工商注册等方面的知识不熟悉，遇到相关问题只能咨询外部专业机构，导致指导服务效率较低。而对于学生来讲，文科专业的学生由于学科专业的原因，与创新创业联系程度不高，学生的创新成果和创业项目定位在文化创意方面，相较于通过专利发明创造进行创新的理工科学生较难以取得更大突破。

4. 激励力度不足

根据奖励性绩效工资分配实施方案，教师在指导学生竞赛的奖励标准表面上合理，但在方案实施过程中，对指导老师而言，国家级比赛高额奖金难以达到，省部级比赛奖金与国家级奖金差距太大，较容易获奖但激励性不大，其他科技、学科类和综合素质类竞赛指导奖金过低，多方面原因导致创新创业教育教师激励机制失灵，教师不重视对学生综合素质的培养。

5. 功利化倾向明显

在对创新创业中心负责人的访谈过程中，了解到专创融合教育处于项目化阶段，存在急功近利的问题。创新创业中心在专创融合教育中的辅助作用不显著，创新创业导师人数少，覆盖面有限，缺乏必要的规章制度来引导创新创业协会的发展。从某种程度上，创新创业协会没有发挥应有的作用，只是为了应对国家教育评估。学校以"互联网＋"创新创业大赛获奖、创业者的多少来衡量创新创业教育的成果，尚未形成统一的正确教育理念或明确创新创业教育的本质，未能以人才培养方案的改革为抓手、从源头去对教育进行改革。

综上所述，高校目前处于专创融合的实践探索层与理论突破层之间的过渡阶段，各二级学院在创新创业中心的统筹带领下各自落实创新创业教育工作，根据人才培养目标开设专创融合课程。工科专业的学生易于围绕专业开展创新创业实践活动，创造新产品或新服务，而文科类学生围绕专业开展创新创业实践活动缺少经验，参与度不高。许多高校的专创融合教育制定了相关的激励政策，构建了课程体系，完善了师资队伍，同时建设了校内外实践平台，学生的创新意识和实践能力得到了提高。但是，距离高校专创融合教育高质量发展还有差距，高校还要以实践平台和校企合作为抓手，从指导服务、特色亮点和示范作用等方面开展工作，促进专创融合教育的发展。

5.4　教育质量评价结果反馈及应对策略

高校专创融合教育质量评价是提高教育管理质量的关键举措。通过访谈实证、搜集相关信息、检验创新创业教育改革和发展目标的实现程度，对专创融合教育工作成果的质量进行科学评定，并做出价值判断，提出相应的应对策略，可以为高校人才培养、科学管理、系统决策提供参考依据。

5.4.1　教育质量评价结果反馈

经过对 15 位受访者的访谈及实证研究后，编者发现高校专创融合教育现存的主要问题有：学校内部管理不够、社会支持力度较弱、教师教学指导不足、学生创新力量欠缺和传统专业教育弊端，如图 5-3 所示。

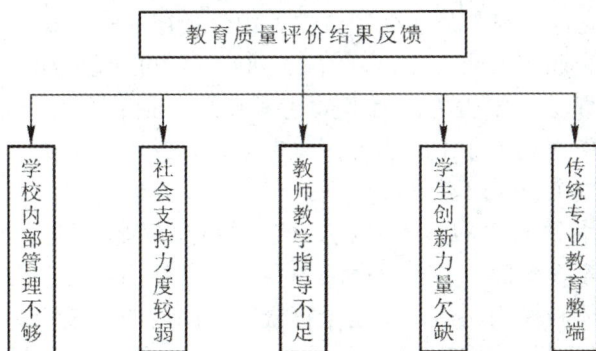

图 5-3　教育质量评价结果反馈

1. 学校内部管理不善

学校内部管理不善主要包括教育理念功利化、机构制度不完善、资源配置不合理。

教育理念功利化体现在高校目前的专创融合教育都有功利色彩太重的问题。大多数以"互联网＋""挑战杯""iCAN"以及计算机设计大赛等创新创业大赛获奖创业者的多少来衡量专创融合教育成果。尚未明确专创融合教育的本质，未能从人才培养方案、从源头去对教育进行改革。如果专创融合教育不能培养创新性思维，不能教给学生创新性地工作、学习和生活的方法，只组织学生去参加竞赛和创办企业，不利于学生的长远发展，也会影响专创融合教育的质量。

机构制度不完善体现在专业机构和规章制度的不健全。从专业机构层面来说，其中一位创新创业中心负责人表示，学生目前非常缺乏专业的指导服务，对法律、工商注册等方面的知识不熟悉，遇到相关问题只能咨询外部专业机构，导致指导服务效率较低。学校也没有专门为创新创业教育而设的咨询服务机构。这就导致了连锁不良效应：创新创业中心专职教师承担了行政、教学、指导等多项工作，经常处于加班状态，教学指导精力不足；教师精力不足导致没有时间去指导学生或教学指导质量不理想；教学指导质量不理想导致学生对专创融合教育失去信心，缺少主动性。从规章制度的角度来看，学校对于专创融合教育规章制度制定的重视程度不高，规章制度文件少且不成体系。此外，在访谈中还发现了存在仅为应付教育部要求而制定的制度文件，实际执行情况与文件所述并不相符的现象。

资源配置不合理体现在经费、场地和软件系统配置不足三方面。其中大部分受访者强调经费不足给专创融合教育带来困难，经费问题也是导致其他资源分配问题产生的重要原因之一。由于专创融合教育不能一蹴而就，相较于其他事项而言，难以被优先安排项目经费。此外，在学校内部管理不当时，专创融合教育相关经费容易被压缩。然而经费支持是专创融合教育取得成效的重要前提，缺少经费的专创融合教育注定举步维艰。

2. 社会支持力度较弱

社会支持力度较弱主要指校企合作程度低、评价指标功利化、外包质量不理想、政策宣传力度小。

校企合作程度低体现在由学校主导的校企合作不足、校企合作项目工资低、校企合作班满意度不高。第一，工科院校教师凭借人脉资源，与企业的联系往往比文科院校教师更为密切，但是这仅仅是停留在教师层面的合作，由学校层面来组织领导的合作很少；第二，校企合作班的学生到企业实习或工作，月薪在 2000 ～ 3000 元之间，给学生留下被企业利用廉价劳动力的不良印象，学生毕业后多数选择离开企业；第三，一位受访毕业生表示自己也曾参与校企合作班，到企业工厂实习，但专业知识并没有提高，迫于毕业的要求，才参加校企合作班，对校企合作班满意度不高。

评价指标功利化体现在高校没有把精力放在教育改革之上，而是放在迎合评价体系上，单纯为了满足国家教育部、省教育厅的各项专业评估而耗费人力、物力。然而当前评价体系本身是面对全体高校构建的，不完全符合所有高校的实际情况，其中也存在一些待完善的指标，盲目跟随则导致教育理念产生偏差。只注重参赛队伍的数量和创业学生人数，而忽视创业项目的质量，这样不仅浪费参与者的时间、精力、资金，还会导致学生难以对未来发展方向做出正确选择，多走弯路。

外包质量不理想主要是由于在每年参加创新创业竞赛前，学生的指导需求猛增，学校自身创新创业教学指导师资紧缺，因此不得不邀请校外专家来指导项目，然而校外专家可能同时负责多个学校的项目指导工作，可能对项目的指导不够细致，指导质量不理想。

政策宣传力度小主要是政府相关部门对创新创业优惠政策的宣传力度不足，未能积极走进校园向需要帮扶的创业团队展开优惠政策，提供直接服务。这导致指导教师和创业团队学生只能通过主动咨询或求助其他专业机构，降低了政策的执行力度和优惠的可获得性。

3. 教师教学指导不足

教师教学指导不足主要包括教学指导积极性低、师资专业匹配度低、数量和稳定性不足、教学方法创新度低。

教学指导积极性低主要是由三方面原因引起：第一，由于教师本身专业教学任务重，很多教师承担的教学任务较重，难以分配更多精力来做好指导工作；第二，部分教师对教学指导工作有抵触情绪，在没有额外报酬和补贴及奖金较少时，教师难免认为在专业教育中开展创新创业教学指导是一项额外工作而不愿意承担；第三，教师专业不匹配或研究不深入导致对专创融合教育的开展不了解，即使有参与指导的意愿，相应的指导能力仍然欠缺。

师资专业匹配度低主要表现在指导教师专业背景与项目需求匹配度低和教师教学与指导能力参差不齐两个方面。一是专创融合教育要求教师具备多个学科专业的知识技能，本访谈的高校创新创业中心专职教师只有 4 人，人数少，所负责的专业又多，与项目需求的专业匹配度较低。受访教师表示其并不具有商科专业背景，对法律、工商注册等方面知识不是很熟悉，遇到相关问题只能咨询外部专业机构，导致指导服务效率较低。二是专创融合教育任务一旦分派到各二级学院，学院很多时候都是将任务安排在青年教师身上。多数青年教师缺乏创业经验，也无法完全掌握大量创业项目知识，同时由于受到职称晋升的影响，分身乏术，难以保质保量地开展专创融合教育。

数量和稳定性不足的表现主要是从教育部规定的标准看，每 500 名在校生应配备 1 名专职就业指导人员，但目前调研的江苏省两所高校都达不到这一标准，而且对指导教师的激励制度不完善，指导教师流失率高。受访的创新创业学院负责人和专职教师纷纷指出，全省都存在类似问题。人员紧缺一则导致创新创业教育覆盖面有限，受益学生少；二则导致教师因本身教学任务重而放弃指导学生；三则导致创新创业学院专职教师工作量过大，工作积极性备受打击。

教学方法创新度低。一是体现在教师在创新创业课堂上主要还是采用传统授课方式，学校也不重视教法改革；二是举办的教师培训少，教学法培训更少，培训过程中大多是在上课过程中给学生的一些建议，没有具体教学方法改革的内容。

4. 学生创新力量欠缺

学生创新力量欠缺主要包括学生理解偏差、创新基础薄弱、活动参与度低。

学生理解偏差表现为学生对学校开展的专创融合教育信心不足，认为创新创业教育课程讲授的只是一些理论知识，和老师沟通学业较多，对于就业沟通较少。很多学生认为专业学习与创新创业学习关联度低。大部分学生对创新创业教育的概念和内容不了解，导致他们对创新创业教育的认知只停留在"学习怎么创业"这样的片面理解。因此，很难激发学生的学习积极性。

创新基础薄弱最直接的体现是学生在创业项目初始阶段不懂撰写商业计划书，需要指导教师花费较多时间和精力来进行指导。由于学生只能上一个学期创新创业课程，而且课程不成体系，学生未能系统学习创新创业相关知识。其次，部分学生创业具有盲目性和从众心理，容易忽视实际的经济走向，加上社会经验不足，总体创新能力不高。

活动参与度低的原因主要有三点：第一，学生对创业不感兴趣，且将创新创业教育等同于创业教育，在专创融合教育中忽视创新创业教育；第二，创新创业活动加分不计入总学分，对学生的吸引力较低；第三，专创融合教育活动次数少、宣传不足，活动受众少。

5. 传统专业教育弊端

传统专业教育弊端主要包括专业与创新创业融合度低、职业指导与专业相关度低。

专业与创新创业融合度低主要体现在五方面。第一，专业教育缺少岗位创新创业教育的内容。要灵活地应对不同的环境和不同的岗位需求，这些是传统专业教育所缺失的。第二，专业教育之间融合度低。学生被分配到某个专业，想学习其他专业知识技能却缺少系统的学习途径，加上转专业难度高，这样就限制了学生的发展。第三，文科专业的学生在创新创业教育中相比于工科专业的学生更具挑战性，缺少科技创新支持的文科类创业项目往往会遇到更激烈的竞争。第四，学生倾向选择创业门槛低的项目，如网店、茶饮店、直播带货等，多数与学生专业相关度不高。第五，大部分专业尚未开发专创融合课程。

职业指导与专业相关度低体现在目前职业生涯规划课与学生专业相关度低。职业生涯规划课由学校统一安排，并非由二级学院安排专任教师授课。

5.4.2　教育质量问题应对策略

针对高校专创融合教育质量评价中存在的问题，比较切实可行的解决办法及相应的对策如下：体系化发展策略、校政企合作策略、专业化赋能策略、一站式帮扶策略，如图 5-4 所示。

```
                    ┌─────────────────────┐
                    │  教育质量问题应对策略  │
                    └──────────┬──────────┘
          ┌────────────┬───────┴──────┬────────────┐
          ▼            ▼              ▼            ▼
     ┌────────┐  ┌────────┐     ┌────────┐  ┌────────┐
     │体系化发 │  │校政企合 │     │专业化赋 │  │一站式帮 │
     │展策略   │  │作策略   │     │能策略   │  │扶策略   │
     └────────┘  └────────┘     └────────┘  └────────┘
```

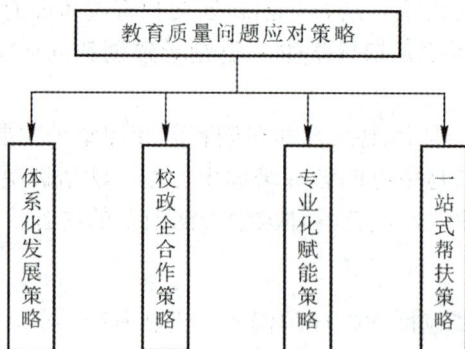

图 5-4　教育质量问题应对策略

1. 体系化发展策略

体系化发展策略主要包括统一教育理念、全员联动协调、加强经费支持、持续推进教学改革、专业群建设与跨专业合作，如图 5-5 所示。

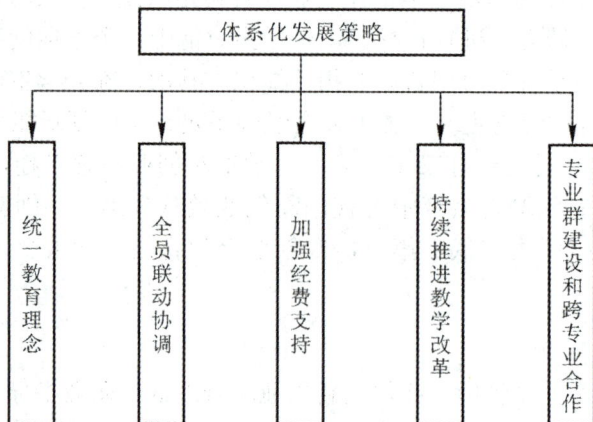

```
                    ┌─────────────────────┐
                    │    体系化发展策略     │
                    └──────────┬──────────┘
        ┌────────┬──────┬──────┴───┬─────────┐
        ▼        ▼      ▼          ▼         ▼
    ┌──────┐ ┌──────┐ ┌──────┐ ┌──────┐ ┌──────┐
    │统一教 │ │全员联 │ │加强经 │ │持续推 │ │专业群 │
    │育理念 │ │动协调 │ │费支持 │ │进教学 │ │建设和 │
    │      │ │      │ │      │ │改革   │ │跨专业 │
    │      │ │      │ │      │ │      │ │合作   │
    └──────┘ └──────┘ └──────┘ └──────┘ └──────┘
```

图 5-5　体系化发展策略

(1) 统一教育理念。统一专创融合教育理念，要做到从学校领导到各二级学院负责人、专业课教师、创新创业导师等全体教师对专创融合教育理念达成共识。统一教育理念的具体举措可以是制定相关制度文件、召开全校教职工工作会议、创新创业教育融入专业教育、各项培训、校园宣传等。归根结底，还是要把创新创业教育融入专业人才培养方案当中。

(2) 全员联动协调。创新创业教育要贯穿教育的全过程、教师全体要参与、全部学生要覆盖。校长牵头，创新创业学院、教务部、人事部、团委、招生就业、各教学院系联动协调落实不同类指导工作。由创新创业中心负责总规划并分解教学任务到各二级学院的负责人，再由二级学院分配任务到教师。此外，还可以成立专门的咨询服务机构，聘请专业人士进驻，当指导老师和学生遇到创新创业相关问题时能够得到有效帮助。

(3) 加强经费支持。加大专创融合教育经费投入，把经费真正用在专业人才培养当中。例如，购买创新创业教育所需的软件及硬件设备，如仿真实训系统、创新创业人才测评系统、专业教学资源库等；投入到教师的教学技能与技术技能培训之中；用于创业团队在参赛前将项目落地并运营，为学生创业实践提供直接资金支持；设置更为丰厚的创新创业实践成果奖励；用于加大教材和课程开发力度，为专任教师开发与更新专业教材、专业课程提供资金支持和奖励等。

(4) 持续推进教学改革。教学改革包括教学方法改革、教材的改革、第二课堂开展。教学方法改革是指教师通过积极参与教学方法创新培训，改变传统教学方法，以创新的方式培养学生的创新思维。教材改革是指寻找旧教材本身存在的问题，从根源着手改革教材，避免形式主义导致的教材质量低下。第二课堂开展主要包括创新创业竞赛、创新训练计划项目、科研项目、工作室项目、考证等。扩大课程项目化运作的覆盖面，项目除了在课程内，也可以在课程外进行覆盖;把企业项目带到学校里，让课程与企业项目结合。开发"专创融合课程包"，利用网络课程资源进行高效的混合式教学。改变课堂教学方式，采用沉浸式教学，让学习和参与融为一体，提高学生的参与度。

(5) 专业群建设与跨专业合作。第一，提倡专业群建设，跨院系、跨专业建群，根据某行业的需求建立专业群；第二，创业项目应联合多个专业的学生和导师进行，加强跨专业交流合作;第三，围绕专业进行创新创业教育，引导学生结合本专业优势进行创新创业实践。

2. 校政企合作策略

校政企合作策略主要包括加强政策宣传、评价引导建设、开发校友资源、校企合作共赢，如图 5-6 所示。

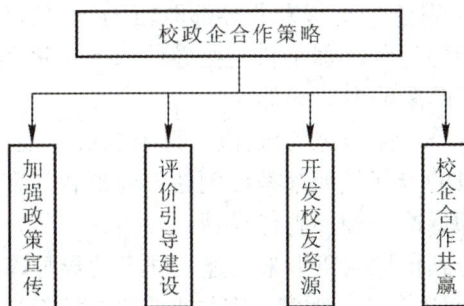

图 5-6 校政企合作策略

加强政策宣传：建议政府相关部门加大创新创业政策宣传力度，通过进校园活动对学生进行指导服务。这样，一来可以使政府出台的政策得以更好地落实，二来可以帮助教师和学生深入了解政府给予的创新创业优惠政策。

评价引导建设：摆脱功利化倾向，引导高校在创新创业教育改革时将目光放在学生的未来职业生涯发展之上。教育部门应当将现行的创新创业教育改革示范校评价体系中的功利化指标进行修正，添加创新能力培养、教师、教材、教法改革等相关评价指标。

开发校友资源：校友与学校情谊较深，更容易开展与校友企业的校企合作。可通过组建校友会，由学校主导加强与各行各业优秀校友的合作；为校友企业输送优秀教师进行挂职锻炼，输送优秀学生参与工作实践；对参与合作的校友企业进行多角度宣传，提高企业知名度；通过定期举办跨界创业校友论坛，向学生传授经验，带动学习氛围，加深校友情谊；校友开创企业可为其他学生提供实习和工作岗位，有利于学生实现工学结合，也有利于企业营造融洽的工作氛围。

校企合作共赢：校企长远合作的前提是要充分考虑企业需求，为合作企业带来经济利益和良好的社会声誉。具体的合作方式有：打造特色专业群来深化校企合作程度、与校内教师开设的企业取得紧密合作、校企共编教材等。此外，还可以通过自身经验优势提供社会服务，为其他院校的创业团队、创业企业提供培训等服务。

3. 专业化赋能策略

专业化赋能策略主要包括跨专业组建导师队伍、扩充教学与指导队伍、提高服务意识与能力，如图5-7所示。

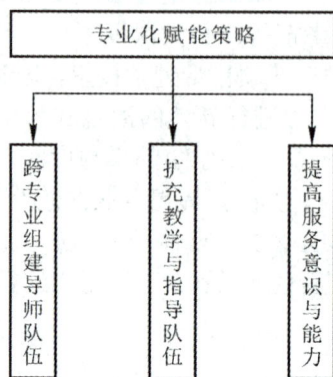

图 5-7　专业化赋能策略

跨专业组建导师队伍：组建一支跨专业导师队伍为学生提供专业的指导服务。比如，文科类指导宣传，商科类指导运营，理工科类指导技术等。每个学生团队必须配备三个或三个以上与该项目创业需求匹配的专业导师。

扩充教学与指导队伍：一是扩大教学队伍，每个二级学院按院内学生人数500：1的比例配备具有相关专业背景的专任教师来教授创新创业课程和职业生涯规划课程；二是扩大指导队伍，通过制定导师标准、校外聘任导师、校内认定导师资格等方式，同时提高激励力度来吸纳更多教师参与到指导队伍中来，建立强大的导师库。

提高服务意识与能力：通过会议、制度、宣传来明确全校教师都有创新创业教育的责任，提高教师教学指导责任意识；鼓励专业教学已经达到饱满或倦怠状态的老师积极通过创新教学方法、指导创新创业项目来寻求新的发展路径；响应《国家职业教育改革实施方案》的号召，落实五年一周期的全员轮训制度，教师至少1个月在企业或实训基地实训，紧密将专业教学与专业锻炼结合起来，提高挂职锻炼质量；通过经验分享带动兄弟高校开展教育改革。

4. 一站式帮扶策略

一站式帮扶策略主要包括持续提供帮扶、营造创新氛围，如图5-8所示。

持续提供帮扶：聘请专门的创新创业管理员，设立专门的服务咨询机构，作为学生与导师间的桥梁，及时向导师反映学生的创新创业学习需求，为学生团队提供创新创业资源，并对创新创业相关场地进行管理，确保对创新创业进度不同的学生都给予关注与帮扶。

营造创新氛围：将改革侧重于创新，扩大创新创业教育受众范围；通过向学生明确创新创业教育的意义与奖励来提高其学习的积极性；学校也应善用各类宣传平台与工具，向学生心中播撒创新创业的种子。

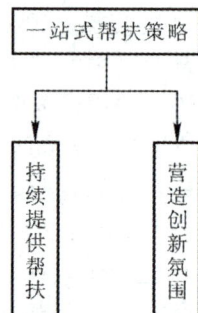

图 5-8　一站式帮扶策略

第六章 高校专创融合教育的优化路径

上一章中，编者根据专创融合教育质量评价体系，对某高校的专创融合教育进行了全面评价，分析总结了在专创融合教育中存在的问题，这些问题在一定程度上，也反映了其他高校在专创融合教育发展过程中可能存在的一些共性问题。正是这些问题阻碍了专业教育、学科教育和创新创业教育的有机融合，制约了大学生创新创业能力的培养。针对这些问题，本章对专业教育和创新创业教育融合过程中遇到的诸多困境进行了分析总结，提出了可行性的优化路径和实施建议，为切实提高大学生创新创业能力，促进高校专创融合教育的进一步推进提供借鉴。

6.1 专创融合教育实施过程中的困境分析

高校要实现专创融合，其动力机制应是由"政府引导"的外部推动过渡为"外推内生"的协同动力机制。如果内生动力不足，会大大阻碍专创融合的活力；盲目模仿其他高校的模式和路径，则易于造成资源浪费；各部门之间协同能力不足，则制约专创融合教育的开展。这些困境都将严重影响专创融合教育的发展成效，如图6-1所示。

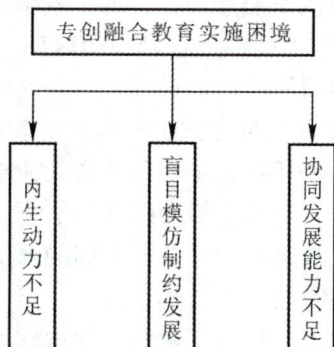

图 6-1 专创融合教育实施困境

6.1.1 内生动力不足

国家政策的推动和政府资源的赋能，推动高校在短时间内建立了各种形式多样的创新创业教育组织、大学生创业园、创业孵化机构等，然而只是搭建了外部的框架，很多组织、机构仅停留在形式化、表面化的阶段，其内部的人力资源、价值观念、社会制度、文化环境等内在具体配置、行动能力与外部不匹配，"软件"和"硬件"不对应，导致创新创业教育行动力不足。按照类型划分，专创融合教育的"软件"可以概括为两个方面：一方面是专创融合教育理念，以及由此形成的教育目标；另一方面是教育体系中的关键要素，包含组织领导、师资力量、课程资源等。

1. 教育理念模糊，目标不明确

教育理念和目标是引领决策的准则和方向，只有适合的专创融合教育理念，才能够为高校的教育行动提供指引，同时也有助于实施过程中的约束和调控。同时，因为有了共同的教育理念和目标，所有的团队成员为了此目标团结一致，一起创造出优秀的创业成果。如果缺乏明确的理念和使命，专创融合教育就是空谈，也没有发展可言。

2. 缺乏组织领导

组织领导是专创融合教育中的关键要素之一，如果领导不重视，肯定会限制高校专创融合教育的行动和发展，所以领导在专创融合教育中至关重要，发挥着核心作用。这种作用一方面体现在高校对专创融合教育的支持力度，另一方面体现在对专创融合的理解和发展趋势的把握。但在调研中也发现，虽然有些高校领导比较重视专创融合教育，但大多数尤其是中西部一些高校的领导并没有把专创融合教育、创新创业教育作为学校发展的重点，仅是为了应付上级政策或上级检查，这就导致其创新创业教育成果较少，专创融合得不到有效开展。由此可见，学校的领导直接决定了专创融合教育能够在多大程度上开展和推行。

高校领导的专创融合教育观念、目的和管理方式都会影响教育发展，所以除了领导重视之外，分管专创融合教育工作的执行领导这个角色特别重要，他需要有先进的专创融合教育思路、眼光和执行力，有长远的眼光，能帮助学校在实践中一点点突破，不断推动专创融合。但是从调研结果来看，既具有充分的创业实践经验，又具有专业教育和创新创业教育的教学经验，还有丰富的管理经验的专创融合执行领导还是非常缺乏的。

3. 师资比较匮乏

专创融合的师资力量是发展的重要动力。目前，各个高校纷纷开展创新创业教育、专创融合教育，成立创新创业学院，"硬件"设施在短时间内迅速建立起来，但是，具备专业的教学经验和创新创业教学知识的师资，很难在短期内培养出来。据调查，高校在专创融合教育师资队伍的建设上主要有三种方式：一是其他教师转业或兼职为创新创业导师，其中相当一部分是辅导员；二是聘任企业工程师或者其他学校的创业导师；三是对创业教育导师进行专业方面的培训学习。尽管这样，师资仍然十分缺乏，同时师资队伍的质量也良莠不齐。试想，如果学生接受了未接受过专业培训的师资开展的课程，也会极大地打击学生进行创业实践的积极性，同时教师本身也会深受打击。此外，由于专创融合教育发展时间还不长，研究基础相对薄弱，导致专创融合的课程建设也暴露出一些问题，如课程理念不清晰、课程体系不完善、课程组织不合理、各个模块之间相对孤立等。

6.1.2 盲目模仿制约发展

目前，在专创融合教育的发展研究中发现，很多高校执着于惯有的创新创业教育模式和路径，难以结合自身特色开拓创新。盲目模仿指的是一些高校在开展专创融合教育时，没有考虑外部环境、自身条件等因素，就盲目地学习、引进外校的实践经验和方式，造成了自身适应力不好、资源浪费等问题。

1. 教育组织构建的思维定式

目前，专创融合教育、创新创业教育在国内可借鉴的成功案例较少。同时，鉴于政策驱动，政府在提供相关财政支持的同时，会提出各种制度化的要求，但对于其具体的属性和结构要求并不明确。因此，高校应根据自己的思路对其进行构建，并在此过程中结合自身的独特性进行分析。例如，目前有些高校将"创新创业学院"定位为二级学院，在实际的发展过程中产生了很多问题。比如无法调动其他的同级的二级学院，无法进行合理的资源配置，与其他部门、二级学院沟通不顺畅等。

2. 专创融合实践过程中的依赖现象

一些高校开展的很多创业实践活动都是一些常规的活动，鲜有突破例行化的创新行动，这就是一种"依赖现象"。高校通常开展的创新创业教育活动有三种类型：一是开展通识类的创新创业教育课程或基础类的必修课程；二是开展各级各类的创新创业竞赛或活动；三是建设和管理大学生创业园、创客空间等。已有的数据显示，大多数高校创新创业相关的组织成立后，都会开展这三种类型的工作，然而这些都属于表面性的一些活动。如果在高校中仅开展这些活动，无法推动创业教育的深入发展，更无法突破专业教育和创新创业教育的壁垒，促进专创融合。因此，需要高校从多方面发掘，调动多方面因素，开展全方位的实践活动，化解这种依赖现象。

6.1.3　协同发展能力不足

在国家政策和政府资源的支持下，越来越多的高校成立了独立的实体的创业教育学院、中心等管理部门，创业教育组织结构越发清晰。然而，在发挥专人专事推动创业教育、专创融合教育，营造创业文化等的过程中，出现了各单位各部门协同能力不足的现象。比如，有的高校在开展创业工作的过程中，经常会听到这样的声音，"关于创业教育的工作，都是创业学院或创新创业中心的事情，我们这边不负责这个"。创新创业教育不是面向部分学生，而是面向全体学生开展的全校性的教育活动，因此需要创新创业的主导部门联合各个二级学院、职能部门协调合作。比如，可以和教务处联合协调创新创业教育通识课程，和科研处共同设立和管理创新创业研究项目，和学生工作处联合推动学生参加全国互联网＋大学生创新创业大赛等。

同时，由于各个高校在创新创业教育的过程中，工作重点和目标不一致，也导致了高校的专创融合教育工作难以开展。例如，有些高校的工作重点在于竞赛获奖。因为竞赛获奖既是职能部门的价值体现，又可以带来实在的利益，如可以获得奖金、人员配置等。因此就出现一些高校不惜重金投入，包装完善学生的创业项目，甚至从企业中引入项目"转交"给学生去参赛，其目的就是为了获奖。还有一些高校为了片面追求专业的创新创业人才培育，招收学生进行专业人才培养，不仅可以增强创业学院的存在感，同时可以获得相应的培养经费。因此，工作重点的不一致，加之国内创新创业教育开展时间不长，各类师资、课程、教材、教学资源、管理模式等都还不完善，导致了高校在开展专业教育和创新创业教育中更加疏离。

6.2　实现专创融合教育的优化路径

从创新创业教育发展的角度，将其与专业教育进行有效融合是高校促进内涵式高质量发展的必然选择。这不仅可以提升学校人才培养的质量，使学生具备良好的创新意识与实践创新能力，还能增强学校专业教育发展的内生动力，使其向更高质量发展。高校在专业教育和创新创业教育融合发展的过程中，应结合环境和高校自身情况，挖掘发展特色，不断优化发展方向，促进专创融合不断深入。高校创新创业教育与专业教育的融合势必会经历一个长期发展的过程，本书结合前述研究工作，提出以下优化路径。

6.2.1　理念先行，加强顶层设计，促进认知融合

理念，既是政策制定的重要依据之一，也是政策制定部门或单位行动的内核，引导着创新创业教育工作者的思想和实践。因此，专业教育与创新创业教育的融合首先应是理念和认知上的融合。一方面，高校创新创业政策的制定者，应根据国家和社会经济发展的方向和步伐，制定出方针政策，由职能部门根据地方实际情况进行落实和实施，通过制度引导、资金支持等方式促进专创融合教育的更好开展；同时学校要深刻认识到创新创业教育是专业教育向前发展的必然环节，而专业教育是创新创业教育的重要载体，专业教育如果与创新创业教育完全脱离，最终就会与社会发展相脱节，就满足不了社会对创新型人才的需求。因此高校在顶层设计上，要体现出创新创业教育与专业教育的融合关系，从人才培养目标到每一门课程的实施过程，都要贯穿"专创融合"的理念，让这种认知由上至下进行深度贯彻。这种认知的融合要在广度上从学生到所有教师进行全面覆盖，要让所有在岗的教师深刻理解创新创业教育与专业教育在本质上都是为了培养创新型人才，这种培养应渗透于培养目标、课程设计、培养模式、教学环节、课程资源、评价体系等所有环节。因此，专创融合教育要想深入发展，必须强化理念，同时需要加强以专创融合为核心的创新创业教育研究。

构建专创融合的教育理念，主要分为三个步骤：

(1) 高校设立专门的专创融合研究机构，促进专创融合理论与实践齐头并进。研究机构是专创融合教育理念研究的基础和平台，对高校在实践开展过程中的目标设置和高校行动具有重要的作用。据调查，很多高校成立了创新创业学院或创新创业中心等职能部门，但大部分没有设置关于创新创业、专创融合等的教育研究机构或部门，这无疑是不利于专创融合教育长远及可持续发展的。实践需要理论指导，更需要理论的引导。高校设置的创业教育机构、创业教育研究机构犹如"两翼"，只有两者相互配合，结合高校的专创融合实践活动不断开展研究，以理论的深度滋养创业教育的实践活动，才能更好地促进专创融合教育的长远发展。

(2) 带动一线教师参与到专创融合教育的研究中来，不断深入理论研究。一线教师是

专创融合教育、创新创业教育的直接参与者，他们对学生、教学、专业、课程等各个环节都十分清楚，因此他们是参与专创融合理论研究的重要力量之一，所以，高校可以采取一些激励措施，如开展基金项目、学术交流活动、工作量奖励等，带动更多的一线教师参与到专创融合教育的研究和实践中。

(3) 构建跨学科式的专创融合组织机构，促进和推动专业教育与创新创业教育的融合发展。一个优秀的创业人才不仅需要具有创新精神和创业意识，敏锐的市场洞察力，很强的专业知识和实践动手能力，还需要具备一定的财务、法律、管理等素质和能力，即跨学科的专业知识和能力。培养这样的人才如果仅依靠创业职能部门肯定是不行的，这就需要加强学科之间的设计与交互，这也是推动高校专业教育与创业教育融合发展的有效途径。因此，高校应当调整和转变以往的观念，注重构建跨学科式的组织机构，包括横向和纵向两种类型。横向之间，通过以创新创业职能部门为核心，搭建跨学科式的多部门、多学院联动的部门体系。比如，在二级学院中选拔或者配置专职的创新创业教育工作人员，这些人拥有二级学院、创新创业双重身份，可以很好地做好桥梁和沟通对接工作。纵向之间，可以在不同的专业、学科之间建设"专业群"。这些专业群是开展专创融合的基础单位，不同的专业群之间也可以交互联合发展，更有力地促进专创融合发展。

6.2.2　以点带面，促进专创融合教育内生力建设

高校在开展专创融合教育的过程中，各级各类政府部门颁发的政策性文件以及资金、场地等支持是开展工作的硬件，而高校教育管理者的理念文化、师资力量、课程资源等是开展工作的软件要素。当前，很多高校在国家政策等"外部推动"作用下，硬件建设已快速搭建起来，但软件供给远远不足，造成专创融合教育的内生力不足。因此，加快促进高校软件建设，推动软件、硬件的对接和兼容整合，是提高专创融合教育实际效果的迫切任务。

1. 优化组织领导管理体系，构建强有力的驾驭核心

作为培养学生创新精神、创业意识和创新创业能力的组织机构，专创融合教育的组织管理核心应当具有创新创业的内在灵魂；同时，组织领导者需要拥有敏锐的反应速度和灵活度，才能带领组织不断发展壮大，这些都要求组织内部有强有力的驾驭核心。据统计，高校创新创业教育管理体系主要由两种类型的层级构成，一是以校长为核心的领导小组，二是创新创业教育职能部门的直接执行领导。第一层级，最高管理层对专创融合教育的重视程度、理解决定了高校开展此项工作的广度和深度，但领导对于专创融合的教育理念并不一定有深入的理解。第二层级，直接执行领导的专创融合教育理念、创新能力、前瞻性、执行能力和资源调配能力等会直接影响具体实施过程的质量和效率。因此，在开展专创融合教育的过程中，要树立科学的管理价值观，增强行政管理和学术研究的交流沟通，提升校领导层级对顶层设计的科学性，在遴选直接执行领导时，可推选有创业教育经验或研究的人员。同时，在建立组织管理系统时，要明确管理权责，清晰权责分配，这样才能够在具体工作过程中有条不紊，即使遇到问题也能快速地做出调整和改进。

2. 加大教师培养力度，建设优质融合型师资队伍

相比于专业教育，专创融合教育对教师具有更高的要求，他们除了需要具备专业知识、技能和素养外，还需要具备跨学科的专业知识、管理能力、创业知识和技能，以及引导学

生开展创新、创业的激情和热情。因此需要建设一支专业教育和创业教育都素质过硬的师资队伍，这也是促进专创融合教育发展的根本保障。优质融合型师资队伍的建设主要从两方面开展：

(1) 组织形式多样的培训进修活动，提高教师队伍业务素质。高校可以通过加强教师队伍的培训力度，组织形式多样的校内与校外培训，进一步提高广大教师的教学能力和教学水平，不断更新教师队伍的知识结构，全面提高教师队伍的综合素质。同时专业教师自身要积累创新创业实践经验，积极参与校内外创新创业实践活动或培训，丰富创新创业理论知识。将教师的学历补偿与素质提高结合起来，鼓励教师参加在职博士学习，提升自身学历，同时也提高教师队伍的整体学历层次。制定激励机制，支持专业带头人参加省级或国家级培训，支持教师参与技术项目的开发建设和各项职业技能竞赛。采取与行业、企业和其他社会组织联合培养的方式，切实加强新技术、新理念的培训，提高教师对新技术的吸收能力和教育教学改革的能力。

(2) 优化师资结构，构建合理科学的教师团队。要突出专业带头人、青年骨干教师和双师型教师三支队伍建设，鼓励教师积极探索专创融合教育的教学模式、学习模式、管理模式，积极推进教学资源建设。一方面，积极培养校内创业导师，加大对青年教师的培养力度，增强教师队伍的发展后劲。另一方面，加强与企业的主动沟通，建立企业与学校的良好合作关系，聘请行业企业中有创新创业经验的优秀技术人员担任兼职导师，并对兼职教师进行必要的培训，增强其教育教学能力，建成一支数量充足、结构合理、素质优良、专兼结合、相对稳定的高质量的教师团队。定期开展校内外导师的经验交流与探讨，促进专业教育与创新创业教育的有效融合。

3. 加强课程建设，构建专创融合与理实结合的课程体系

课程是学校教育的核心部分，在创新创业教育与专业教育融合这一系统工程中，应高度重视课程建设，将课程建设作为两者融合的重要支撑。高校需要结合自身定位和需求，既要有相对独立的课程理论和实践知识体系，又要将创新创业理念和知识融入已有的专业课程体系中，从而开发出一套适用的课程资源体系。专创融合课程体系建设的新举措为：课程目标相互对接和融合、开展专创融合课程设计与建设、改革教学方法及考核方式，如图 6-2 所示。

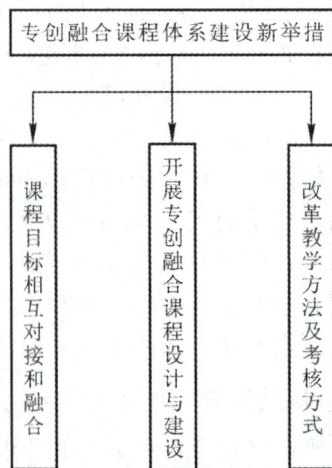

图 6-2　专创融合课程体系建设的新举措

(1) 课程目标相互对接和融合。专业教育与创新创业教育相互融合，不是简单地在专业课程里面加入创新创业内容，也不是在创业课程里面体现部分专业的内容，而是要做到真正的有机融合。高校应将创新创业教育的目标进行细化分解，结合各个专业的实际情况，将其与各专业人才培养目标进行衔接。高校要对现有的课程体系进行重构融合，首先从课程目标上进行融合，再到教学内容、授课方式、考核方式等方面进行彻底的融合。在专业课程培养目标中体现对创新精神和创业意识的培养，根据每节课的课程内容，寻找创新点，不断更新课堂教学内容，让学生尝试新的思维方式，以达到课程与创新创业教育深度融合的目标。

(2) 开展专创融合课程设计与建设。高校可以从一个试点二级学院、试点专业着手，进行专创融合课程的设计与开发，定期进行课程效果反馈，根据反馈情况进行动态调整，由少到多、由点到面地进行全面的课程改革，逐步构建起专创融合的课程体系。在开展专创融合课程设计与建设的过程中，一方面，学校应鼓励教师关注专业与行业的最新发展成果与趋势，鼓励教师基于专业教学进行内容创新，把学术前沿发展、最新研究成果、技术创新、方法创新、工艺流程创新等创新元素和创新实践经验融入课堂教学，以及把职业技能竞赛项目、大学生创新创业训练计划项目、企业创新创业项目等内容以项目(任务、案例)为载体在课堂教学中呈现出来，让专业课程内容得到不断丰富；另一方面，不同学院之间可展开交流与讨论，进行跨学科交流，以优势专业带动其他专业创新，遴选优势专业的示范课程，加强与不同学科之间的学习，使教学内容更具创新性与实用性，从而提高学生的学习兴趣，培养学生的创新创业精神和意识。

(3) 改革教学方法及考核方式。创新创业课程大多是实践性较强的内容，因此在教学过程中，需要摒弃传统的填鸭式教学方式，充分利用现代教育技术手段，开发数字化教育资源与平台，运用实验方式、问题方式等形式，融做学教创于一体，提升学生的学习积极性，使学生真正融入课程中来。在课程考核上要从知识倾向转变为能力倾向，注重对学生思考能力与创新能力的测评。考核时应建立多元化学习评价体系，运用校内信息化教学平台，如"云课堂"等，积极探索"线上"和"线下"相结合的考核评价模式，探索建立非标准答案形式的课程考核方法，鼓励学生开展创新创业实践，并将实践成果作为课程成绩的重要依据。

6.2.3　错位发展，努力培育专创融合教育特色成果

高校在专创融合教育的发展过程中，需要通过培育特色成果来不断发展壮大，这就要求各个高校结合自身特点和优势，通过发展特色使自己在高校专创融合教育发展历程中占据有利位置，继而促进整个专创融合教育体系的多样化和可持续发展。

1. 结合高校的环境特征和人才培养目标定位，明确专创融合发展的特色

构建特色鲜明的专创融合教育模式可以从两方面开展工作。一方面，高校可以将专业技术训练、创新创业训练和区域经济发展结合起来。例如，可以将区域内行业企业的实际项目引入到高校中，让教师和学生参加到实际的企业运营当中，用自己的专业知识技能解决现实问题，可采用校企合作项目来实现。另一方面，高校应遵循人才培养的规律，将创业教育有机地嵌入到原有的教育体系中。由于高校在长期的发展历程中，已经形成了自己

比较稳定的人才培养模式，将创业教育进行"嵌入"很难在短期内产生改变，因此在实践过程中，应尽可能地与原有的人才培养模式协调一致。例如，基于有的高校已经采取的订单班、企业冠名班、顶岗实习等模式，开设关于创新创业的订单班、企业冠名创业班、创业顶岗实习等模式。

2. 依托高校已有的基础条件，挖掘特色基因，选择差异化发展路径

高校的专创融合教育体系在专业设置、教学模式、管理方式、师资结构、课程资源等方面与专业教育、创新创业教育是不同的，不同的高校之间也不尽相同，因此，要依托高校本身的特征和基础条件，充分挖掘特色基因并逐渐对其进行培育和强化。具体而言，可分两步进行。第一步，分析高校本身的特色，这些特色中哪些适合纳入到专创融合教育中来。这些特色可以来自于区域经济和文化环境，院校历史和文化氛围，优势专业和专业群，优秀的人力资源等。第二步，将选取的"特色基因"与创新创业理念、学校特色结合起来，在高校内外不断培育和强化。此外，高校还可以通过教育模式、课程体系、评估方式、专业设置等方面进行培育和创新，形成自己的特色基因。当然，高校的特色基因是不断发展变化的，它需要在实践过程中尝试探索和充分挖掘才能实现。

6.2.4 多元联动，构建政校行企协同互动的教育体系

高校开展专创融合教育的本质，是面向全体学生开展创新创业教育，使所有的学生都具有创新创业精神、创新创业意识和创新创业能力。面向全体学生的教育不能仅依靠一个学院或部门完成，政府、行业和企业等多元主体的协作是必不可少的。因此，高校的专创教育需要调动政、校、行、企多元主体参与的积极性，建设内外协同的教育体系。

1. 多元主体共同参与，构建多元主体共赢模式

鼓励多元主体参与专创融合教育，构建"产—学—训—研—创"的生态循环链，进而构建政、校、行、企多元主体共赢模式。根据相关研究，一些高校已经有一定的校企合作基础，但"一头冷一头热"的现象早已司空见惯，导致高校、企业参与校企合作的热情和积极性不断降低，企业深度参与高校的专创融合教育仍有难度。因此，可以通过构建"产—学—训—研—创"的生态循环链，调动各方参与的积极性。例如，以区域经济产业为导向，设置高校的专业或专业群，通过顶岗实习实训培养学生的实践能力，学生和教师共同参与企业的科研项目，共建研发机构，以科技成果转化带动就业创业，以创业成果带动区域经济发展，由此促进学生创新创业能力的提升。

2. 明确各方责权关系，形成多元协同的治理格局

多元共治有利于资源优化配置，提高行动效率和管理质量，其核心是需要明确体系中各方的责权关系。其一，政府是高校专创融合教育行动的引导和调控主体。政府从社会全局出发，引导和支持高校开展专创融合教育，同时根据实际情况给予政策、经费、项目的支持，促进教育稳定发展。其二，高校是开展专创融合教育的主导主体。高校要从学校的战略规划和长远发展，对专创融合教育进行顶层设计、实施与管理，是行动的主导者。其三，企业是高校的合作主体。企业的根本目的在于营利，因此其参与专创融合教育的目的也在于利益，企业想通过校企合作解决技术难题、促进产品创新等，同时还可以获得政府的优惠政策。其四，行业是专创融合教育发展效果的监督和评价主体。它对高校的专创融

合成效进行监控和评估，并提供反馈信息，这有助于高校教育质量的提升。同时，行业在评估过程中也能够促进自身的发展。

3. 完善多元主体协同互动的制度保障和服务体系

高校的专创融合教育需要政、校、行、企多元主体共同参与。尽管已经明确了各自的责权关系，但在实践过程中会不可避免地出现利益博弈，因此需要完善的制度保障体系维持各主体间行为的规范性、稳定性和长期性。在制度规范的同时，优质的服务体系能够保障各主体互通互联、资源共享和合作。其一，在制度保障方面，法律法规、规章条例等是主要的制度保障，因此应加强相应法规的建设，对各主体进行规范和约束，同时应当加强监管制度，提高执行效率。其二，在服务系统方面，可通过利用现代化的信息技术平台的优势，构建服务于政、校、行、企多层次的立体服务平台，通过开展吸引各方参与的课程教学、创业实践活动、初创企业孵化、创业培训等活动，激活各方的资源共享和信息互通，为高校专创融合教育发展的推进保驾护航。

参 考 文 献

[1] 亨利·埃茨科威兹.三螺旋 [M].周春彦,译.北京:东方出版社,2005.

[2] 侯蕴慧.山西装备制造业技术创新联盟构建研究 [D].太原:太原科技大学,2014.

[3] 王贤芳,孟克.论高校创新创业教育体系之重构 [J].教育教学论坛,2012(2):118-120.

[4] 王贵禄,蔡平,陈燕菲.新工科背景下土木工程课程专创融合教学研究 [J].山西建筑,2023,49(8):190-193.

[5] 贺峻熙.创新创业教育与专业教育融合对大学生就业能力的影响研究 [D].湘潭:湘潭大学,2019.

[6] 侯文华.大学生创新创业教育教程 [M].北京:科学出版社,2012.

[7] PAUL F. Encyclopedia of the New American Nation Edition[M]. New York: Thomson Gale, 2006.

[8] 陈向明.从北大元培计划看通识教育与专业教育的关系 [J].北京大学教育评论,2006(3):71-85,190.

[9] 张冰,白华."高校创新创业教育"概念之辨 [J].高教探索,2014(3):48-52.

[10] 李亚员.创新创业教育:内涵阐释与研究展望 [J].思想理论教育,2016(4):83-87.

[11] 王占仁.创新创业教育的核心要义与周边关系论析 [J].国家教育行政学院学报,2018(1):21-26.

[12] 陈爱雪."互联网+"背景下大学生创新创业教育的新模式探究 [J].黑龙江高教研究,2017(4):142-144.

[13] 陈烨,贾文胜,郑永进.高职院校创新创业教育:理性反思与模式构建 [J].高等工程教育研究,2018(2):170-175.

[14] 王万山,汤明.国内外高校创新创业教育模式比较研究 [J].浙江工商大学学报,2006(2):74.

[15] 曹胜利.创新创业教育呼唤模拟教学与体验式课程 [J].实验技术与管理,2009,26(8):1-4.

[16] 尚大军.大学生创新创业教育的课程体系构建 [J].教育探索,2015(9):86-90.

[17] 温秀平,解乃军,黄家才."三维度、四层次、进阶式"创新创业项目化教学课程体系构建与实施 [J].工业和信息化教育,2021(7):5-9.

[18] 陈文敏,吴翠花,于江鹏.创新型人才培养模式的系统分析 [J].科技和产业,2011,11(1):117-121.

[19] 邓明阳.基于校企合作的"三位一体"双导师制人才培养模式探索 [J].职业技术教育,2013,34(20):57-59.

[20] 秦莲童,沈国良.基于产教融合的应用型人才培养模式探究 [J].河北职业教育,2018,

2(2): 12-15.

[21] 吴南中，谢红. 1+X 证书制度下职业教育人才培养模式的变革方向与创新路径 [J]. 职业技术教育，2020, 41(36): 22-26.

[22] 张景胜，储旭东. 创业教育与专业教育的关系研究 [J]. 教育教学论坛，2012(S5): 3-5.

[23] 孙秀丽. 试论创业教育与专业教育的有效衔接 [J]. 教育发展研究，2012, 32(7): 58-62.

[24] 黄兆信，王志强. 论高校创业教育与专业教育的融合 [J]. 教育研究，2013, 34(12): 59-67.

[25] 江玮璠，李文. 创新创业教育与专业教育互动分析 [J]. 科技经济市场，2014(10): 113-115.

[26] 刘艳，闫国栋，孟威. 创新创业教育与专业教育的深度融合 [J]. 中国大学教学，2014(11): 35-37.

[27] 王占仁. "广谱式"创新创业教育的体系架构与理论价值 [J]. 教育研究，2015, 36(5): 56-63.

[28] 卢淑静. 创新创业教育嵌入专业教育的原则与机制 [J]. 求索，2015(2):184-187.

[29] 李爱民，夏鑫. 高校创新创业教育与专业教育优化融合模式探析 [J]. 中国成人教育，2017(1): 49-51.

[30] 陈宏涛. 高校创新创业教育与专业教育融合机制研究 [J]. 教育理论与实践，2019, 39(30): 9-11.

[31] 傅田，赵柏森，许媚. "三螺旋"理论下创新创业教育与专业教育融合的机理、模式及路径 [J]. 教育与职业，2021(4): 74-80.

[32] 王禹. 三螺旋理论视角下高职"三创"教育与专业教育融合路径探究 [J]. 现代职业教育，2023(6)：33-36.

[33] 陈文娟. 将创新创业教育全面融入高校课堂教学体系 [J]. 中国高等教育，2012(2): 44-45.

[34] 梁卿. 高职院校创新创业教育与专业教育融合的有效途径 [J]. 中国职业技术教育，2019(6): 19-24.

[35] 王志凤，王桂花. 基于"专创融合"的专业课程重构研究：以"供应链管理"课程改革为例 [J]. 中国职业技术教育，2020(5): 79-83.

[36] 田黎莉. 双创教育融入专业教育认知偏差及改革路径：基于现代学徒制视角 [J]. 西南师范大学学报 (自然科学版)，2020(7): 186-192.

[37] 宜翠仙. 专创融合视角下高职院校"学研创用"人才培养模式探索 [J]. 黑龙江高教研究，2019(6): 80-83.

[38] 周甜甜. 山东省属工科院校新工科专业建设研究 [D]. 济南：山东财经大学，2022.

[39] 舒霞玉. 我国高校创新创业教育课程建设研究 [D]. 长沙：湖南大学，2021.

[40] 崔娜，张娟，田晓琳. 食品专业学生对"专创融合"认知和需求的调查研究食品工业，2022，43(05)：197-201.

[41] 魏长骄. 新工科背景下高校教师教学能力发展研究 [D]. 大庆：东北石油大学，2021.

[42] 黎浩敏. 专创融合视角下高职院校创新创业教育质量评价研究：以广州市为例 [D].

广州：广东技术师范大学，2020.

[43] 谢幸福.新工科建设中的人才培养机制研究 [D]. 徐州：中国矿业大学，2022.

[44] 张慧.高校"专—创—劳"融合课程的内在逻辑与实践向度 [J]. 黑龙江高教研究，2023，41(1)：150-155.

[45] 邓振华.高校创新创业教育与专业教育相互融合研究：内涵、原则、状态 [J]. 机械职业教育，2023(3)：1-8.

[46] 胡莎.供给侧改革背景下高校工科教育改革研究 [D]. 武汉：武汉工程大学，2019.

[47] 李步升，胡静芳，何福保.混合学习在专创融合教育中的应用研究 [J]. 办公自动化，2023，28(5)：39-41.

[48] 闫绍惠，王新文.基于职业技术适应性的"软件测试技术"课程专创融合教学改革研究 [J]. 河北软件职业技术学院，2023，25(1)：48-52.